AF542674

AVERTISSEMENT.

Plusieurs personnes d'une pieté & d'une science eminente, ayant jugé aprés d'excellens Maistres, qu'on avoit réüssi dans le dessein qu'on s'estoit proposé de rendre l'Art de Chanter aussi familier que l'Art de lire, ou d'écrire, & les Livres de Chant aussi communs, & aussi portatifs que les autres, ont souhaitté que celuy qui avoit entrepris l'execution de ce dessein, qu'ils ont estimé tres-important & tres-vtile, en fist voir vn Essay, avec quelque legere Instruction qui en facilitast l'intelligence, auparavant que de donner sa Methode au Public. C'est à quoy il a obeï d'autant plus volontiers, qu'outre la soûmission qu'il doit à ces personnes illustres, il sçait que dans les choses de cette nature il est toûjours avantageux d'entendre les sentimens de plusieurs; joint que n'ayant vniquement pour but, que le service de l'Eglise, & l'vtilité du Public, on ne sçauroit l'obliger davantage, qu'en luy donnant occasion de faire mieux, & en l'avertissant charitablement de ce qu'il y auroit à changer, ou à adjoûter, dans son dessein, pour le rendre plus parfait & plus achevé. On supplie donc humblement ceux à qui la lecture de cet Essay pourra donner quelques nouvelles veuës sur ce sujet, de vouloir bien les communiquer au Libraire, afin qu'il en fasse part à l'Auteur, qui se défera sans peine de ses propres sentimens pour suivre ceux des autres qui seront trouvez plus raisonnables & plus justes que les siens. Au reste, il tâchera de satisfaire dans sa Methode, toutes les personnes qui ne seront pas préoccupées, & de rendre les choses qui semblent maintenant extremément confuses, si claires & si faciles, qu'on peut esperer que l'Art de Chanter paroistra plûtost vn divertissement vtile & agreable, qu'vn exercice embarassant & penible. Et quoy qu'il ait principalement en veuë de faciliter le Plein-Chant, [a] *son dessein estant de tâcher que toutes les Eglises soient par tout abondamment fournies de Livres, & tous les Chœurs de Voix, que l'vniformité & l'integrité se voyent dans ceux-là, & la science dans celles-cy; on ose neantmoins assurer, que par sa Methode, il est facile de se procurer tous les avantages qui se trouvent dans la Musique, quand on en sçait faire vn vsage bien reglé. Vn excellent Auteur* [b] *a compris tous ces avantages en peu de paroles, avec lesquelles on finit;* Musica vniversæ hominum vitæ est vtilis, piæ ad devotionem, sapienti ad scientiam, solitariæ ad recreationem, domesticæ & publicæ ad animi moderationem, sanæ ad corporis temperationem, jucundæ ad oblectationem. *Il eust pû ajoûter,* mœstæ & afflictæ ad consolationem & levamen. *car bien qu'on ne puisse pas dire cela de la Musique profane, puis que comme dit l'Ecriture,* Musica in luctu importuna narratio; *il se trouve cependant veritable & se doit dire de la Musique sacrée, selon l'aveu qu'en fait le Prophete, ce Chantre celebre d'Israël* [c]; Renuit consolari anima mea, memor fui Dei, & delectatus sum.

[a] Vt in Ecclesia quotidie & solenniter celebretur obsequium debitæ servitutis, sitque in cantu, sit in psalmis observantia jugis: hoc est enim sacrificium laudis, quo Dominus postulat honorari. *Petr. Blesens. Ep* 78.

[b] Lippius.

[c] *Psal.* 76.

IDÉE GENERALE.

Dans laquelle on fait voir les principaux fondemens de cette Methode, & de tout l'Art de Chanter.

CEs nouveaux Elemens sont fondez sur deux principes; L'vn est de rejetter generalement tout ce qui est obscur, ou qui peut embarasser dans l'étude & dans la pratique du Chant: L'autre, de ne rien admettre qui ne soit tres-clair, tres-intelligible, & pour ainsi dire, qui ne porte avec soy vn certain caractere de simplicité & d'évidence Geometrique.

1. Ainsi on rejette absolument de cette Methode, toutes sortes de Clefs, on n'y reçoit point les differences ordinaires de *b. mol* & de *b. quarre*, quoy que ce qu'on entend par B. MOL & B. QVARRE, s'y pratique tres-exactement: on bannit enfin, & les Notes, & les Lignes, & choses semblables qui dégoûtent la plusspart, de l'étude d'vn Art si innocent & si beau. [a]

2. On marque distinctement les 7. differens Sons ou Degrez de l'Octave, qui est la Periode naturelle de la Voix, & consequemment tous les Sons qui se peuvent faire dans le Chant, & dans la Symphonie, par les sept premiers caracteres des Nombres, pris dans leur progression naturelle & Arithmetique, en cette maniere.

1 2 3 4 5 6 7 1.

3. On donne à ces sept differens Nombres les mesmes noms qu'on donne communément aux Notes de la Methode ordinaire; 1 s'appelle *Vt*, 2 *Re*, 3 *Mi*, 4 *Fa*, 5 *Sol*, 6 *La*, 7 *Si*. ou bien, si on l'aime mieux ainsi, 1 s'appellera *Vn*, 2 *Deux*, 3 *Trois*, 4 *Quart*, 5 *Cinq*, 6 *Six*, 7 *Sept*, on choisira, car cela est indifferent.

4. On ne touche point aux Intervalles [b] qui se trouvent entre ces Nombres ou Degrez, & qui y font la difference des Sons; les Intervalles ne sont point arbitraires comme les Notes, c'est la Nature elle mesme qui les a tous compassez; l'Art & la Voix doivent s'y conformer, & ne sçauroient mieux réüssir. Ainsi d'1 à 2, ou de 2 à 1 (car qu'on monte ou qu'on descende, l'Intervalle demeure toûjours le mesme) il y a regulierement vn Ton, de 2 à 3 vn Ton, de 3 à 4 vn Demy-ton seulement, de 4 à 5 vn Ton, de 5 à 6 vn Ton, de 6 à 7 vn Ton, de 7 à 1. c'est à dire, d'vn Etage [c] à l'autre, vn Demy-ton seulement. Neanmoins il peut arriver trois

[a] Quæ enim mora mutationum, confusio clavium, substitutio vocum? Videas plerosque an indigneris, bonam ætatem impendisse huic arti & exiguum tamen profecisse, perfectos annis priusquam ejusmodi lectione! Difficultas sc. obstat, remoramque plerisque facit. *Puteanus apud Alstedium.*

Δια πασῶν. *Diapason.* i. e. Semel per singulos gradus.

[b] INTERVALLE *est l'espace qui se trouve entre 2 Degrez, dont l'vn est plus bas que l'autre: ou bien, c'est la difference de 2. Sons, dont l'vn est grave & l'autre aigu.*

[c] ETAGE. *On appellera ainsi les 7. Degrez pris dans leur*

choses à ces Degrez, (& cela ſe voit ſouvent dans la Muſique) qui apporteront quelque changement dans ces Intervalles, ſçavoir la Tranſpoſition, le Diéſe, & le Tremblement pur.

5. On marque la Tranſpoſition,[d] qui ſe fait diverſément ſur les Degrez 3 7 & 4, par vn meſme trait de plume, ou de burin, qui tranche chacun de ces Nombres, comme on voit que le ſont ces lettres ✳ ℞. [d] En ce cas 3̸ & 7̸ qui ſeroient 2. Signes de *b. mol* dans la Methode commune, s'appellent *Fa* ou *Za*, & 4̸ qui ſeroit le Signe de *b. quarre*, *Mi*, ou bien on ne change rien dans le nom ſi l'on ne veut, mais il faut toûjours changer l'Intervalle & le Son, c'eſt à dire, abaiſſer 3 & 7 vn Demy-ton plus bas vers 2 & 6, & au contraire élever 4 vn Demy-ton plus haut vers 5, en vn mot, ne faire qu'vn Demy-ton de 2 à 3̸ de 4̸ à 5 & de 6 à 7̸, & faire vn Ton entier de 3̸ à 4, de 3 à 4̸, & de 7̸ à 1.

6. On marque le Diéſe, qui ſe fait ſur tous les Degrez, excepté ſur 3 & ſur 7 qui ſont preſque la meſme choſe, par vn Point Interrogant [?] qui les precede, & qui fait qu'on éleve chacun de ces Degrez vn Demy-ton au deſſus de ſon aſſiette naturelle, avec vn certain tremblement de voix agreable & fort doux.

7. On marque enfin le Trēblement pur, ou cette flexion & agréement de voix qui devance ordinairement vne cadence, & qui ſe fait ſur tous les Degrez ſans exception, par vn Point Admiratif [!] qui ſemble mieux l'exprimer qu'on ne peut le décrire. Cette flexion ou tranſport harmonieux, ne change pas proprement l'Intervalle, mais elle oblige à appuyer agreablement ſur les ports de voix, & à faire les tranſitions avec beaucoup de délicateſſe & de grace.

8. On diſpoſe tellement ces Nombres dans le Chant, que s'ils doivent faire vne liaiſon, c'eſt à dire, s'il en faut entonner pluſieurs de ſuite ſur vne meſme ſyllabe, on les approche tous également les vns des autres, comme on fait les lettres dans vn meſme mot [e]; & ſi cette liaiſon eſtoit fort grande, on laiſſe tant ſoit peu d'eſpace à chaque lieu où la voix a beſoin de reſpirer, afin que les Chantres & tout le Chœur puiſſent s'y arreſter, & reprendre de concert. Les Nombres qui ne ſont pas liez gardent à peu prés la meſme diſtance entre eux, que les Voyelles qui ſoûtiennent le Son des Syllabes auſquelles ces Nombres répondent.

9. On marque encore trois Nombres, détachez des autres & environnez de quelque ornement, au commencement de chaque Piece, leſquels en font voir toute l'étenduë en vn clin d'œil, & donnent lieu de prendre toûjours vn Ton juſte & proportionné à la capacité de la voix, ou à la plus grande partie de celles qui compoſent le Chœur; ceux qui le frequentent ſçavent l'importance de cela. Le premier de ces trois Nombres eſt le plus bas Degré

ſuite naturelle, depuis 1. juſqu'à 7.

d *On ſera obligé de la marquer dans cet Eſſay, par vn* [t] *qui precedera immediatement le Nombre qu'il faudra tranſpoſer, ſçavoir,* [t3 t4 t7], *& qui voudra dire,* tranſpoſez ce Degré: *au defaut des caracteres propres, que l'Imprimerie n'a pas encore, mais dont elle ſe fournira avec le tems.*

LABORE ET CONSTANTIA.

De ces trois Nombres ou Degrez, on ne trāſpoſe jamais dans le Plein-Chant, que le ſeul Degré t7, *qui eſt cette Note qui s'y voit precedée d'vn b. mol, & qu'on a de coûtume d'appeller Za, ou* Fa feint.

e *Comme la main n'eſt pas toûjours ſi aſſurée ny ſi juſte que l'impreſſion, quand on copiera quelque Piéce où il y aura des liaiſont marquées, outre qu'il faut approcher tous les Nombres également, comme on vient de dire, il ſeroit encore bon de*

qui soit dans la Piece, celuy du milieu est le Degré mesme par où elle commence, & le dernier des trois est le plus haut où elle arrive. Si l'on veut encore marquer le Degré dominant, qui est tres-vtile pour le Chœur, on peut le placer au dessus.

10. On applique les Nombres aux Instrumens tres-facilement; Il n'est besoin que d'attacher ou de concevoir sur chacune de leurs Touches celuy qui luy convient, suivant le rang qu'il tient dans l'Octave, & cette Touche sur l'Instrument. Chaque Nombre estant ainsi attaché, ou pour mieux dire, imaginé, demeure fixe & invariable comme la Touche mesme sur laquelle on le conçoit; & dénote sans erreur, qu'il faut indispensablement porter le doigt sur cette Touche, autant de fois qu'vn Nombre semblable se rencontre sur le papier. C'est aux Maistres à montrer le fin de leurs Instrumens, pour le fond il n'y a point d'autre mystere, quelque Instrument que ce puisse estre f: & s'il y a quelque difference, comme il est impossible qu'il n'y en ait dans vne multitude si grande, elle ne peut consister qu'en ce que les vns n'ont qu'vne seule Octave d'étenduë, les autres en ont deux consecutives & completes, les autres trois, & les autres quatre, car on ne passe point plus outre, & tout cela est renfermé dans les premieres Tables de cet Essay.

11. On prétend que cette Methode fera à peu prés le mesme effet dans l'Art de Chanter, que feroit dans le monde vne Langue qui y seroit receuë generalement de tous. Chaque Instrument est maintenant comme vn idiôme ou vne Langue particuliere, François, Italien, Allemand, &c. Chacun d'eux veritablement, s'explique fort bien en sa maniere : mais il ne se fait pas entendre de mesme. Vne personne par exemple, qui sçait la Tablature du Teorbe ne sçait pas celle de la Viole, & celuy qui sçait celle de la Viole ne se connoist pas à celle du Luth, de mesme que celuy qui sçait celle du Luth n'a pas l'intelligence de celle du Clavecin & de l'Espinette, à moins qu'il n'eust appris tous ces differens idiômes separément : mais par le moyen des Nombres, que chacun appliquera comme on vient de dire, il ne sera pas besoin de se donner tant de peine : celuy qui entendra le langage ou la Tablature d'vn Instrument, entendra facilement le langage de tous, puis que tous s'expriment par Nombres, qui est vne Langue vniverselle & stable, qui fait naistre vne communication tres-vtile entre toutes les Voix, toutes les Parties, & tous les Instrumens. On ne croit pas que cela puisse apporter aucun préjudice ny aux Maistres, ny à qui que ce soit. g Les Maistres à la verité, ne garderont pas leurs Ecoliers si long-tems qu'ils ont de coûtume, mais ce sera le profit & le contentement des vns & des autres : car s'ils les tiennent peu, ils en auront vn bien plus grand nombre, & la perte qu'ils pour-

tirer vn trait de plume au dessous de chaque liaison, lequel s'étendist tout autant que ses Nõbres, afin de les mieux distinguer. Ex. 12 123 4321 54323 565432 *& ainsi des autres.*

f Il est vray qu'il y a des Instrumens sur lesquels il se fait certains accords qu'on ne peut pas faire sur les autres, & qu'il y en a où il ne s'en fait point du tout; mais cela vient ou de leur étenduë, qui n'est pas la mesme, ou de la differente disposition de leurs Touches : enfin il n'y en a aucun qui puisse échapper aux Nombres, de la maniere qu'on les voit disposez dans ces Tables.

g Encore qu'absolumẽt parlant, on pût apprendre le Chant & les

Instrumens de soy-mesme, par la facilité que donnent ces Nombres, il ne s'ensuit pas cependant qu'on doive negliger de prendre vn Maistre: Quand vn Maistre ne seroit pas necessaire, il est toûjours vtile, sur tout dans les commencemens, soit pour la conduite de la voix, soit pour la direction des doigts; & si on n'a pas besoin de beaucoup de regles ny de preceptes, on a au moins besoin de beaucoup d'imitation & d'exemples. BREVE ITER PER EXEMPLA.

roient faire d'vn costé, sera avantageusement reparée de l'autre; ainsi on espere si cette Methode réüssit, que chacun aura lieu d'estre content, qui est ce qu'on a particulierement recherché. Et d'autant plus, que ces Nombres ne donnent pas seulement la facilité pour le Chant & pour les Instrumens, mais encore pour la Composition; & que lors qu'on s'en sera formé l'habitude, on pourra composer vn Air ou vne Piece de Musique, comme on compose presentemẽt vn Sonnet, ou quelqu'autre Piece de Poësie.

12. Il n'est pas difficile de reduire toutes sortes de Chants & de Pieces par Nombres, quand on connoist parfaitement les noms des Notes: Il n'y a qu'à marquer toûjours 1 au lieu d'vne Note qui s'appelle *Vt*, 2 au lieu de celle qui s'appelle *Re*, & ainsi du reste, comme on voit dans cet Essay, sans se mettre en peine si cette Note est par *b. mol* ou par *b. quarre*, en *G re sol vt*, ou en *A mi la re*, sous vne telle *Clef* ou sous vne autre, dans vn *Espace* ou sur vne *Ligne*, avec *Muance* ou sans *Muance*. Il est vray-semblable qu'on s'étonnera vn jour, comment on a pû s'arrester à ces embarras onereux, durant tant de siecles, voyant la Nature d'vne part, & entendant les Instrumens de l'autre, qui disoient d'vne voix si intelligible & si éloquente, qu'on devoit les bannir, & ne pas s'en servir comme on faisoit, pour corrompre leur simplicité.

13. Lors qu'on chante sur le Livre, ou que l'on touche quelque Piece sur vn Instrument, on passe toûjours successivement & immediatement d'vn Nombre à l'autre, depuis le premier jusqu'au dernier, les faisant tous valoir, & les entonnant ou les touchant distinctement, sans en omettre vn seul, si ce n'est qu'il falût abreger quelque liaison trop longue & trop importune. On doit sur tout prendre garde à bien faire tous les Intervalles, car c'est ce qu'il y a de plus important. L'Art ne permet pas à la Voix d'en faire de plus de sept sortes par vn seul mouvement. [h] Ces 7 especes d'Intervalles sont, 1. Les *Secondes*, lors que deux Nombres se touchent immediatement dans l'ordre naturel des Nombres ou des Estages, c'est à dire, lors que la Voix passant d'vn Degré ou d'vn Nombre à l'autre, elle n'en peut omettre aucun. Les *Tierces*, lors qu'elle en omet 1. entre les deux. Les *Quartes*, lors qu'elle en omet 2. Les *Quintes*, lors qu'elle en omet 3. Les *Sixtes*, lors qu'elle en omet 4. Les *Septiémes*, lors qu'elle en omet 5. Les *Octaves* enfin, lors qu'elle en omet 6. *Non plus vltra.* *L'Vnisson*, ou le mesme Son plusieurs fois reïteré, n'est pas vn Intervalle non plus que l'Vnité n'est pas vn Nombre, mais il se trouve dans tous les Intervalles, & en est le fondement, de mesme que l'Vnité se trouve dans tous les Nombres dont elle est l'origine & le principe.

[h] *Voicy l'étenduë de chacune. Les* Secondes mineures *ont vn Demy-ton, les* majeures *vn Ton entier. Les* Tierces mineures *vn Ton & demy, les* majeures *deux Tons. Les* Quartes *deux Tons & demy. Les* Quintes *trois Tons & demy. (L'intervalle de trois Tons n'est*

14. Il y a 7. Individus, autant que de Nombres, dans chacune

de ces especes. Les 7. *Quartes*, les 7. *Quintes*, & les 7. *Octaves*, sont toutes égales, & s'entonnent également, qui en sçait vne les sçait toutes; les *Secondes* au contraire, les *Tierces*, les *Sixtes* & les *Septiémes*, (ces deux-cy sont rares, & la derniere fait dissonance) se subdivisent en *majeures* & *mineures* inégalement, & s'entonnent de mesme. Les *majeures* embrassēt vn Demy-ton plus que les mineures, sous la mesme quantité de Degrez, & sont toutes égales dans chaque espece; les *mineures* par consequent, ont vn Demy-ton moins que les majeures, & sont pareillement égales entre elles, c'est toute la difference des vnes & des autres.

point tolerable.) Les Sixtes mineures *quatre Tons, les* majeures *quatre Tons & demy.* Les Septiémes mineures *cinq Tons, les* majeures *cinq Tons & demy.* Les Octaves *cinq Tons & deux Demy-Tons.*

15. Apres la voix d'vn Maistre, rien ne peut mieux faciliter la pratique de tous ces differens Intervalles, que les Sons d'vn Instrument, comme rien ne les peut mieux faire comprendre que la Table suivante, dans laquelle ils sont tous compassez; ou explicitement, comme les *Secondes majeures*, & *mineures*, qui sont les Tons & les Demy-tons, designez par T. & par D. ou implicitement, comme les six autres especes plus grandes qui resultent necessairement de cette premiere, cette Table se doit bien peser.

La Table qui suit est comme la pierre de touche de ces Intervalles : c'est sur elle qu'il les faut tous examiner, pour les bien connoistre.

DEVX OCTAVES CONSECVTIVES qui renferment la juste portée de la Voix.

1 T 2 T 3 D 4 T 5 T 6 T 7 D 1. T 2. T 3. D 4. T 5. T 6. T 7. D 1;

Vt. re. mi. fa. sol. la. si. Vt. re. mi. fa. sol. la. si. Vt.

Vn. deux. trois. quart. cinq. six. sept. Vn. deux. trois. quart. cinq. six. sept. Vn.

Δὶς διὰ πασῶν. i. e. Bis per singulos gradus.

Les mesmes Octaves, avec les Transpositions marquées.

1 T 2 D 3 T 4 T 5 T 6 D 7 T 1. T 2. T 3. T 4. D 5. T 6. D 7. T 1;

Vt. re. fa. *fa. sol. la.* fa. *Vt. re. mi.* mi. *sol. la.* fa. *Vt*

Vn. deux. trois quart. cinq. six. sept. Vn. deux. trois. quart. cinq. six. sept. Vn.

Vide Erasm. in Adag. qui festivè & doctissimè.

OBSERVATION.

1. Quoy que la Voix n'ait pas naturellement, ou au moins agréablement, plus de deux Octaves, ou quinze Degrez d'étenduë, comme on voit dans cette Table, & qu'aucun Chant par consequent n'en puisse pas renfermer davantage [i], cependant parce qu'on peut commencer & finir également ces deux Octaves par chacun des 7. Nombres, comme on a fait icy par 1. on ne sçauroit se dispenser d'en admettre au moins trois consecutives qui renferment tout cela, & qui embrassent necessairement trois Etages, ou les sept Degrez pris trois fois de suite, dans le mesme ordre, avec la mesme force, & par le mesme redoublement de Voix.

i *Il est mesme tres-rare d'en voir qui y arrivent, il y a toûjours quelques Degrez à dire: & en effet, cela repugneroit non seulement au Mode, mais au bon sens, d'accabler la Voix en travaillant pour la Voix.*

2. k On connoist les Nombres du premier ou plus bas Etage, par vne Virgule qui les distingue [1,] les Nombres du second, par leur simplicité [2], & ceux du troisiéme par vn Point [3.] Si l'on veut en ajoûter vn quatriéme pour l'Orgue & pour le Clavecin, (car ces trois suffisent pour tous les autres Instrumens) on pourra le distinguer par vn Point & vne Virgule [4;] ou par tel autre signe qu'on jugera plus à propos; & ce 4. Etage aura la mesme proportion avec le troisiéme, que le troisiéme a avec le second, ou le second avec le premier: car comme tous ces Etages sont la mesme chose estant considerez separément, il est necessaire qu'ils gardent la mesme proportion & la mesme subordination estant pris conjointement. Ainsi il y a la mesme facilité, & il est tres-indifferent, d'entonner ou le 1 & le 2, ou le 2 & le 3, ou le 3 & le 4, pourveu qu'on prenne chacune de ces trois Combinaisons au ton naturel de sa voix; car elles ne sont qu'vne mesme chose en differente élevation, & ne different pas davantage l'vne de l'autre, qu'vn homme differe de luy-mesme lors qu'il se trouve successivement au bas, vers le milieu, & au sommet d'vne montagne. Cet homme pour changer d'élevation ne change pas de nature; il est le mesme, & également connoissable par tout: ces Etages pareillement.

k Si on voit que le Public gouste cette M E T H O D E *on fera graver exactement, & fondre des caracteres de Nõbres, de toutes les grosseurs, ausquels on attachera en mesme tems, quelques Signes particuliers, pour distinguer ces Etages ou cette difference d'élevation, avec plus de grace & moins d'embarras: & ce sera alors qu'on pensera serieusement à la Musique: car si cette Methode est receuë pour l'vn, elle le doit estre pour l'autre, la consequence est necessaire, & inévitable.*

Mais jusqu'à ce qu'on ait arresté quels doivent estre ces Signes, on peut s'en tenir à ce que l'on voit pratiqué dans cet Essay: marquer vn Point lors qu'on veut monter au dessus des 7. Nombres simples, qui doivent regner le plus dans le Chant à cause de leur simplicité, & se servir d'vne Virgule lors qu'on veut descendre au dessous. Il n'y faut point plus de façons,

3. Qui voudroit suivre scrupuleusement l'ordre que la Nature a étably parmy les Voix, & que l'Art qui l'imite, observe entre ses Parties, dans les Concerts, & dans le Chœurs de Musique, on se serviroit toûjours de la premiere Combinaison, c'est à dire, du 1. & 2. Etages, pour marquer les *Basses* de Musique, lesquelles répondent aux *Voix graves*, qui sont dans la nature; de la seconde, ou du 2. & 3. Etages; pour marquer les *Tailles* & le *Plein-Chant*, qui répondent aux *Voix-moyennes*; & de la troisiéme, ou du 3. & 4. Etages, pour marquer les *Dessus*, qui répondent aux *Voix aiguës*, mais cela n'est pas si absolument necessaire qu'on ne puisse en vser d'vne autre maniere; & quand toutes les Parties seroient marquées par vne mesme Combinaison, il ne s'en ensuivroit aucun inconvenient, puis qu'elles sont assez distinguées par leur disposition, joint que chaque Voix prenant naturellement le Ton ou l'élevation qui luy est propre fait cette difference d'elle-mesme. Neantmoins on garde ordinairement cet ordre dans les Basses & dans les Tailles, mais pour le Plein-Chant, & pour les Dessus, on n'y est pas tout à fait si scrupuleux: Le Plein-Chant se peut marquer indifferemment ou par le 1. & 2. Etages, ou par le 2. & 3. selon qu'on trouve plus à propos, & les Dessus vont rarement jusqu'au 4. ce qui montre que la troisiéme Combinaison est presque inutile, & que trois Etages suffisent pour toutes sortes de Voix, de Chants, & de Parties, en voicy le modele.

TROIS

TROIS OCTAVES CONSECVTIVES qui embrassent toute la capacité de la Voix.

1, 2, 3, 4, 5, 6, 7, 1 2 3 4 5 6 7 1. 2. 3. 4. 5. 6. 7. 1;
Vt. re. mi. fa. sol. la. si. Vt. re. mi. fa. sol. la si. Vt. re. mi. fa. sol. la. si. Vt.

Τρὶς διὰ πασῶν. i. e. Ter per singulos gradus.

OBSERVATION.

1. Vn plus grand nombre d'Etages ne serviroit en effet, qu'à embarasser, & 3. valent autant que mille, puis qu'ils renferment l'étenduë naturelle de la Voix en toutes les manieres qu'elle se peut faire.[l] Encore que la Virgule & le Point, dont on s'est servi pour distinguer le 1. & le 3. soient 2. Signes assez simples & assez faciles à former, cependant on juge bien qu'il seroit mieux de s'en passer, si cela se pouvoit, & il n'est pas impossible.

2. 1°. On peut les éviter dans tous les Livres de Plein-Chant, imprimez ou manuscrits, par la diversité des couleurs noire & rouge, & ce mélange n'est pas vne chose qui soit extraordinaire dans les Livres d'Eglise. 2. On peut faire graver exprés des Nombres qui porteront leur distinction avec eux, & qui n'embarasseront pas davantage que les Nombres simples. 3. On peut ne se servir que de l'Etage simple, mettant seulement quelques Points & quelques Virgules aux endroits où autrement l'on pourroit se méprendre, mais ce moyen présuppose vne connoissance parfaite de cette Table, & la science entiere de l'Intonation. On le donnera ailleurs.

3. Ces 3. Octaves sont proprement l'Alphabet du Chant, chaque Degré en est vne lettre : & comme il est impossible de pouvoir jamais bien lire si on ne sçait donner à toutes les lettres leur juste valeur, de mesme il est impossible de pouvoir jamais bien chanter, si l'on ne sçait pas entonner tous ces Degrez dans l'exactitude d'Intervalles, & avec la justesse de Voix qu'ils exigent. Et puis qu'on a comparé les Degrez du Chant aux lettres de l'Alphabet, il semble qu'on peut aussi comparer les moyens d'apprendre à chanter aux moyens d'apprendre à lire, & suivant cette idée, enseigner le Chant ou cette Methode, comme on enseigneroit la lecture. Chacun sçait, que lors qu'on montre les premiers Elemens à vn enfant on fait ce qui suit. 1. On luy apprend à connoistre & à nommer parfaitement toutes ses lettres de suite, en deux ou trois manieres : c'est à quoy seront destinées la I. & la II. Table de l'Intonation. 2. On luy fait lier ces lettres deux à deux, en toutes les manieres qu'elles peuvent estre liées, c'est à dire, qu'on luy apprend à en faire des syllabes, ce qui s'appelle icy Consonan-

*on doit seulement se souvenir, qu'vn Nombre suivy d'vne Virgule est vne Octave plus bas que n'est le mesme Nombre simple, & ce mesme Nombre simple vne Octave plus bas que n'est le mesme Nombre suivy d'vn Point. Exemple de tous, *1,1 1.* *2,2 2.* *3,3 3.* *4,4 4.* *5,5 5.* *6,6 6.* *7,7 7.* Le premier des trois est le Ton naturel des Voix graves, le second est celuy des Voix moyennes, & le troisiéme celuy des Voix aiguës, qui sont celles des enfans & des filles.*

l Si le Chant n'exige qu'vn de ces Etages, on doit se servir des Nōbres simples du second pour les noter; s'il en exige deux, ce qui se voit ordinairement, il faut prevoir auparavant que d'écrire, lequel des deux fournit le plus de Nombres, si c'est celuy de dessous on se sert des Nombres simples & du Point, & si c'est celuy de dessus, on employe les mesmes Nombres simples & la Virgule; mais si tous les trois se rencontrent ensemble, cõme il arrive quelquefois, il n'y a point à choisir, le premier tient le plus bas lieu, & fournit seulement quelques Degrez de sa fin, le second se trouve au milieu, & est dans toute son étenduë, & le troisiéme a le plus haut rang, & ne fournit que peu de Degrez de son commencement.

ces, c'est ce qu'enseignera la III. Table prise de gauche à droit, par bandes; chaque bande contient tous les differens Intervalles d'vn mesme Diapason ou Octave. 3. On luy fait lier plusieurs de ces syllabes ensemble pour composer differens mots, c'est ce qu'on trouvera dans la mesme Table prise de haut en bas, par colomnes; chaque colomne renferme tous les differens Intervalles d'vne mesme espece. 4. On luy fait lire distinctement plusieurs mots faciles & agreables, de suite, c'est ce qu'on fera dans la IV. qui est la Table des Modes, laquelle contient tous les accords qu'on sçauroit faire regulierement dans chaque Diapason, & par consequent dans la Musique, & sur les Instrumens. 5. On l'exerce, ou il s'exerce luy-mesme, à lire des periodes & des pages entieres, commençant par les plus faciles & passant à celles qui le sont moins; on aura cela dans les Exemples qu'on a donnez à la fin de cet Essay. 6. De là on le fait passer ailleurs, & continuer assiduëment dans ce mesme exercice, jusqu'à ce qu'enfin il sçache lire par tout à livre ouvert, sans broncher ny hesiter aucunement; c'est ce que fourniront tous les livres & tous les Auteurs qu'on voudra reduire dans cette Methode. Tout cela sort de ces trois Octaves, où il est renfermé comme vne rose dans son bouton, ou comme vn fleuve l'est dans sa source.

4 Mais afin de rendre cette Idée plus generale, & qu'elle puisse embrasser entierement & exactement tout ce que les Voix ont de portée, & tous les Instrumens d'étenduë, il sera bon d'ajoûter encore vne Octave, & de finir cette 1. Partie, en exposant aux yeux

QVATRE OCTAVES CONSECVTIVES
qui comprennent l'étenduë entiere de l'Art de Chanter.

Τετράκις διὰ πασῶν. i. e. Quater per singulos gradus.

1. Etage *Grave*. 2. Etage *Simple*. 3. Etage *Ponctué*. 4. Etage. *Aigu*.

1, 2, 3, 4, 5, 6, 7, 1 2 3 4 5 6 7 1. 2. 3. 4. 5. 6. 7. 1; 2; 3; 4; 5; 6; 7; 1*
Vt. re. mi. fa. sol. la. si. Vt. re. mi. fa. sol. la. si. Vt. re. mi. fa. sol. la. si. Vt. re. mi. fa. sol. la. si. Vt.

& qu'on partage selon la difference des Voix & des Parties, en

TROIS COMBINAISONS SEMBLABLES.

III. *Dessus.* Voix *aiguës.* *3. & 4. Etages.*
1. 2. 3. 4. 5 6. 7. 1; 2; 3; 4; 5; 6; 7; 1*
Vt. re. mi. fa. sol. la. si. Vt. re. mi. fa. sol. la. si. Vt.

II. *Tailles.* Voix *moyennes.* *2. & 3. Etages.*
1 2 3 4 5 6 7 1. 2. 3. 4. 5. 6. 7. 1;
Vt. re. mi. fa. sol. la. si. Vt. re. mi. fa. sol. la. si. Vt.

I. *Basses.* Voix *graves.* *1. & 2. Etages.*
1, 2, 3, 4, 5, 6, 7, 1 2 3 4 5 6 7 1.
Vt. re. mi. fa. sol. la. si. Vt. re. mi. fa. sol. la. si. Vt.

IDE'E PLUS DISTINCTE.

Dans laquelle on montre quelles sont les Especes de l'Art de Chanter, & en quoy elles different.

L'Art de Chanter est partagé par deux Especes qui l'épuisent entierement ; sçavoir, l'Intonation des Nombres, & la Mesure des Nombres, c'est à dire, la diversité des Sons, & l'inégalité de la durée ou de l'étenduë des Sons, autrement le Plein-Chant & la Mvsiqve.

PREMIERE PARTIE.

1. L'Intonation, qui est commune à l'vne & à l'autre de ces 2. Especes, consiste à sçavoir bien entonner 2. Octaves de suite, tant en montant qu'en descendant, premierement par Nombres ou Degrez conjoints, puis par Nombres ou Degrez éloignez. Les vns & les autres sont marquez avec assez de methode dans les Tables qui suivent, [m] lesquelles sont faciles à apprendre, & si certaines, que lors qu'on les sçaura parfaitement, on ne pourra broncher dans quelque Chant que ce puisse estre, & mesme il seroit autant difficile, ou impossible d'oublier cet Art, qu'il est difficile d'oublier à lire quand on l'a vne fois bien appris.

I. La Premiere de ces Tables se peut apprendre facilement en vne Leçon, avec le secours d'vn Maistre, ou pour le moins d'vn Instrument, qui dirigent & qui apprennent à bien conduire la voix par tous les Degrez ; car cela est absolument necessaire, puis que sans la science de cette Table, on ne doit pas esperer de sçavoir jamais le Chant, & avec elle on pourroit en vn besoin, l'apprendre parfaitement de soy-mesme. Ceux qui n'auroient pas la voix assez étenduë, ny assez forte pour pouvoir fournir à 2. Octaves entieres, peuvent n'en faire qu'vne seule, qui est la moitié de la Table, & cela suffit, puisque la seconde Octave n'est proprement qu'vne replique de la premiere, en montant, comme la premiere n'est qu'vne replique de la seconde, en descendant.

II. La Seconde Table ne differe en rien de la Premiere, sinon que les sept Diapasons qui estoient vnis dans celle-là, sont détachez dans celle-cy, chacun dans son ordre, qui est celuy mesme des Nombres, 1. 2. 3. &c. & on doit les entonner de la mesme maniere, passant immediatement d'vn Diapason à l'autre, & prévoyant de commencer le premier fort bas, afin que la voix puisse facilement fournir à tous, le second vn Degré plus haut que le premier, & ainsi consecutivement de tous, jusqu'au septiéme, qui est le dernier dans cet ordre, & le plus élevé. Il

[m] *Quoy qu'on ne se soit servy dans les 3. premieres, que du 2. & du 3. Etage, on pouvoit se servir également du 1 & du 2. puis qu'il y a la mesme proportion ; mais on a preferé le 2. & le 3. parce qu'ils embarrassent moins, & que le Point s'ajuste mieux avec les Nombres que ne fait pas la Virgule ; c'est tout ce que l'Imprimerie a pû fournir de plus simple,* Magnas inter opes inops.

Cette replique de Nombres & d'Etages ne doit épouvanter personne : c'est plustost ce qui donne vne grande facilité à ceux qui ne sçavent simplement que le Plein-Chant, d'entonner é-

galement bien quelque Piece de Musique que ce puisse estre; De fait, la Virgule ou le Point ne change pas

sera facile de prendre chacun des sept dans sa juste élevation, si dans tous l'on descend les mesmes Degrez qu'on a monté, ou plûtost, si estant arrivé au huitiéme & dernier Degré de chacun, on reprend tout à coup le 1. qui est le mesme, omettant tous les autres, & faisant l'Octave en bas, par vn seul mouvement de

Entonner deux Octaves de suite par Degrez conjoints. I. TABLE.

1°. MONTANT *de Degré en Degré, du Son grave à l'aigu.*

1. LEÇON.

1 2 3 4 5 6 7 1. 2. 3. 4. 5. 6. 7. 1;

2°. DESCENDANT *de Degré en Degré, du Son aigu au grave.*

1; 7. 6. 5. 4. 3. 2. 1. 7 6 5 4 3 2 1

Entonner ces deux mesmes Octaves d'vne autre maniere, prenant tous les 7. Diapasons *separément par Degrez conjoints.* II. TABLE.

2. LEÇON.

I. 1 2 3 4 5 6 7 1.

II. 2 3 4 5 6 7 1. 2.

III. 3 4 5 6 7 1. 2. 3.

IV. 4 5 6 7 1. 2. 3. 4.

V. 5 6 7 1. 2. 3. 4. 5.

VI. 6 7 1. 2. 3. 4. 5. 6.

VII. 7 1. 2. 3. 4. 5. 6. 7.

la nature des Nombres; ce sont toûjours les mesmes Degrez, les mesmes Intervalles, & les mesmes proportions: il n'y a rien enfin qui

voix, puis rentrant par vne Seconde ou Degré conjoint, dans le Diapason qui suit. Si l'on prenoit ces 7. mesmes Diapasons en descendant, il faudroit commencer par le dernier & le prendre fort haut, c'est à dire, faire le contraire de ce qu'on a fait en montant. Et si l'on ne veut pas y garder tant d'exactitude, ou qu'on apprehende de forcer par trop sa voix, quoy qu'il fust bon de la rompre, & de ne la pas flatter beaucoup dans ces commencemens, on peut les prendre tous sept à l'Vnisson, c'est à dire, au mesme Ton, sans difference de grave ny d'aigu, ce que l'on peut faire aussi dans la Table suivante; car dans le fond, il importe peu à quel Ton ou élevation de voix on les prenne, pourveu qu'on y puisse fournir, & qu'on les sçache tous bien entonner.

differe, que la subordination d'vn Etage à l'autre. Au reste, ces Nombres sont des Signes si ex-

Entonner ces mesmes Diapasons *par Degrez éloignez; autrement, faire tous les differens Intervalles qu'on peut faire dans l'Art.* III. TABLE.

1. EN MONTANT. — 2. EN DESCENDANT.

DIAPASONS.	VNISSONS.	*Secondes.*	*Tierces.*	*Quartes.*	*Quintes.*	*Sixtes.*	*Septiémes.*	*Octaves.*	*Secondes.*	*Tierces.*	*Quartes.*	*Quintes.*	*Sixtes.*	*Septiémes.*	*Octaves.*	
I.	11	12	13	14	15	16	17	11.	1.7	1.6	1.5	1.4	1.3	1.2	1.1	3. LEÇON.
II.	22	23	24	25	26	27	21.	22.	2.1.	2.7	2.6	2.5	2.4	2.3	2.2	4. LEÇON.
III.	33	34	35	36	37	31	32.	33.	3.2.	3.1.	3.7	3.6	3.5	3.4	3.3	5. LEÇON.
IV.	44	45	46	47	41.	42.	43.	44.	4.3.	4.2.	4.1.	4.7	4.6	4.5	4.4	6. LEÇON.
V.	55	56	57	51.	52.	53.	54.	55.	5.4.	5.3.	5.2.	5.1.	5.7	5.6	5.5	7. LEÇON.
VI.	66	67	61	62	63.	64.	65.	66.	6.5.	6.4.	6.3.	6.2.	6.1.	6.7	6.6	8. LEÇON.
VII.	77	71.	72.	73.	74.	75.	76.	77.	7.6.	7.5.	7.4.	7.3.	7.2.	7.1.	7.7	9. LEÇON.

Entonner enfin les douze Modes, ou les sept Diapasons, *divisez* 1° Harmoniquement *de Quinte en Quarte.* 2° Arithmetiquement *de Quarte en Quinte.* IV. TABLE.

I.	II.	III.	IV.	V.	VI.	
1 3 5 1.	2 4 6 2.	3 5 7 3.	4 6 1. 4.	5 7 2. 5.	6 1. 3. 6.	*Division Harmonique.*
						10. LEÇON.
5, 1 3 5	6, 2 4 6	7, 3 5 7	1 4 6 1.	2 5 7 2.	3 6 1. 3.	*Division Arithmetique.*
j.	ij.	iij.	iv.	v.	vj.	

III. La TROISIEME Table differe de la Premiere & de la Seconde, en ce que la Voix qui montoit & descendoit dans celles-là par Degrez conjoints, doit monter & descendre dans celle-cy, par Degrez separez, qui est ce qu'il y a de plus difficile dans l'Art. Aussi quiconque possede bien cette Table, peut dire qu'il sçait tout ce qu'il est necessaire de sçavoir pour posseder parfaitement l'Art de Chanter: car elle comprend seule toute la science de l'Intonation, & tous les

pressifs, & l'ordre des Etages est vne chose si naturelle, qu'un Enfant mesme n'ignore pas, que d'vn moindre Nombre à vn plus haut, differens Intervalles que la Voix ſçauroit faire regulierement. Tous les Chants qu'on a jamais compoſez, tous ceux qu'on pourroit faire, (le nombre n'en eſt pas concevable) ſont neceſſairement renfermez dans quelqu'vn de ces ſept Diapaſons, c'eſt à dire, dans quelqu'vn des douze Modes de la Quatriéme: & ne ſont ny ne ſçauroient eſtre autre choſe qu'vne repetition, vn mélange, & vn tiſſu perpetuel d'Vniſſons, de Secondes, de Tierces, de Quartes, de Quintes, de Sixtes, de Septiémes & d'Octaves; qui eſtant liées enſemble & arrangées avec diſcernement & avec Art, produiſent toutes ces differentes Harmonies qui font le ſujet de nos admirations, & qui exercent quelquefois vn empire abſolu ſur nos ſens.

Cette Table, comme on voit, a ſes rangs & elle a ſes colomnes; chaque rang contient vne Octave ou Diapaſon, avec tous les differens Intervalles qu'on y peut faire, tant en montant qu'en deſcendant, & on n'y en peut faire que ſept, puis qu'il n'y a que 7. differens Nombres, & que chaque Nombre ou Degré ne peut s'allier à vn autre Nombre, avec Intervalle ou difference de Son, qu'en ſept differentes manieres. Chaque colomne renferme vne des 7. eſpeces d'Intervalles qu'on a expliquées cy-deſſus, & qui prennent leur nom du nombre ou de la quantité de Degrez qu'elles embraſſent, c'eſt à dire, qu'elle réünit tous les Intervalles ſemblables qui ſont diſperſez dans chaque rang. C'eſt par ces rangs qu'on doit commencer à apprendre cette Table, & on doit ſe contenter d'en apprendre vn par Leçon, & ne point paſſer à celuy qui ſuit, qu'on ne ſçache parfaitement celuy qui precede. Il eſt encore à propos de les apprendre tous de la meſme maniere qu'on a appris les Degrez conjoints de la Premiere & Seconde Tables, c'eſt à dire, d'entonner tout d'vne ſuite, les ſept differens Intervalles qui ſe trouvent dans chacun, reglant exactement ſa voix ſur celle de quelque excellent Maiſtre, ou ſur les Sons d'vn Inſtrument bien d'accord & bien touché.

On aura pû y remarquer que les *Quartes* ſont toutes *mineures*, c'eſt à dire, qu'elles n'ont que deux Tons & demy d'Intervalle, & les *Quintes* toutes *majeures*, c'eſt à dire, qu'elles renferment trois Tons & vn Demy-ton; car [47] qui ſeroit la ſeule Quarte majeure, & [74.] qui ſeroit la ſeule Quinte mineure, ſont *fauſſes* l'vne & l'autre, & font vn *Triton* ou vn Intervalle de trois Tons, qui produit vne diſſonance ſi deſagreable que l'oreille ne la ſçauroit du tout ſouffrir. On les bannit donc entierement de l'Art de Chanter, & on les évite, lors qu'elles ſe rencontrent, ou plûtoſt on les corrige, & on les reduit à la juſteſſe des autres, par la tranſpoſition de l'vn des deux Degrez qui les compoſent, mais plus ſouvent du Degré t7.

n On peut ometre toutes les *Septiémes*, qui font plûtoſt vne Diſſonance qu'vn accord, & qui ſe rencontrent tres-rarement: mais

& du 1. Etage au 2. ou du 2. au 3. il y a à monter, & au contraire, que d'vn plus haut Nombre à vn moindre, & du 3. Etage au 2. ou du 2. au 1. il y a à deſcendre: joint que c'eſt vne maxime inviolable, & qui n'eſt pas difficile à comprendre, qu'on ne monte point du 1. Etage au 3. ny qu'on ne deſcend point du 3. au 1. qu'on ne paſſe & qu'on ne s'arreſte dans le 2. parce qu'autrement, la Voix feroit de neceſſité, vn Intervalle plus étendu que l'Octave, qui ſeroit vn mouvement tres-irregulier, & qui n'eſt pas receu dans l'Art. Toutes ces choſes dépendent veritablement des Mathematiques, mais cela ne doit pas faire de peine; car on les a tellement épurées, afin de ſe rendre intelligible à tous, qu'il n'y a que ceux qui ſont ſçavans dãs cette ſcience admirable qui le puiſſent appercevoir.

n CONSONANCE *eſt l'agreable tempera-*

cependant qui ſont beaucoup plus ſupportables que n'eſt pas le Triton. Il ne s'en voit dans tout le Plein-Chant, que trois ou quatre ; & ſi les Maiſtres de Muſique s'en ſervent quelquefois dans leurs Pieces, c'eſt à deſſein, & pour faire mieux paroiſtre la bonté des accords, de meſme que les Peintres affectent quelquefois des ombres & certaines obſcuritez dans leurs Tableaux, pour relever davantage l'éclat des couleurs. Ayant ainſi appris tous ces rangs, on doit enſuite parcourir toutes les colomnes, de la maniere qui plaira le plus, car cela eſt libre, & paſſer enfin à la Quatriéme Table, qui eſt celle des Modes. o

IV. La QVATRIEME Table eſt bien plus agreable & plus divertiſſante qu'elle n'eſt difficile; on la deſtine pour la dixiéme Leçon. Elle renferme tous les plus parfaits accords qu'on ſçauroit faire, & que l'oreille puiſſe entendre, comme on experimentera, ſi l'on touche tout à la fois ſur vn Inſtrument, ou tous, ou partie des Degrez qui compoſent chacun de ſes Modes. Il faut remarquer qu'elle eſt d'vne extrême conſequence dans l'Art, & que ſi on ne l'entend parfaitement il eſt impoſſible de compoſer juſte aucune Piece, ny de bien juger d'aucune Compoſition : enfin les douze Modes qu'elle comprend ſont dans la Muſique, avec leurs cordes ou cadences, ce que ſont les trois Genres ſi celebres, avec leurs figures & leurs tropes, dans la Rhetorique, & ce qu'eſt le Syllogiſme avec ſes principes & ſes dépendances, dans l'Art de penſer.

La diviſion des ſept Diapaſons precedens en deux Conſonances inégales, c'eſt à dire en Quinte & en Quarte, ou au contraire, en Quarte & en Quinte, (car il eſt impoſſible d'en diviſer aucun Diatoniquement, en ſorte qu'il y ait égalité d'Intervalles ou de Tons de part & d'autre) produit ces douze Modes. Chaque Diapaſon en fournit deux : l'vn *Authentique* ou principal, qui naiſt de la diviſion Harmonique de l'Octave, lors qu'on met la Quinte la premiere, & qu'elle ſert de baſe à la Quarte ; l'autre *Plagal* ou collateral, qui eſt formé de la diviſion Arithmetique, lors qu'au contraire on met la Quarte devant la Quinte, ce qui n'eſt pas ſi harmonieux. Il n'y a que le quatriéme, ~~& le~~ ſeptiéme Diapaſon, qui n'en forment qu'vn, celuy-cy ne pouvant eſtre partagé Harmoniquement, ny celuy-là Arithmetiquement, parce que l'vne & l'autre de ces diviſions produiroit neceſſairement vne Quarte & vne Quinte fauſſes, ſçavoir [474.] & [7 4.7.] ce que l'oreille ne peut ſupporter : ainſi il ne reſte en tout, que douze Modes legitimes, qui ſont ceux qu'on a marquez dans la Table ; ſix Authentiques, qui occupent le rang de Deſſus, & ſix Plagaux, qui leur répondent au deſſous, chaque Plagal à ſon Authentique. L'vn & l'autre ont leur Quinte commune, & ſe communiquent par conſe-

ment de deux Sons differens, qui frappent l'oreille avec beaucoup d'vniformité & de douceur.

DISSONANCE *au contraire, eſt lors que le Son grave & l'aigu font vn mélange ingrat, dont la rudeſſe & l'inégalité bleſſent l'oreille.*

o MODE *dans la Muſique, eſt vne certaine ſuite & diſpoſition de Degrez, d'Intervalles, & de Cadences, qui par leur varieté rendent l'harmonie d'vn Chant, lequel eſt compoſé ſous vn tel Mode, entierement differente de l'harmonie d'vn autre Chant qui ſuit vn autre Mode. C'eſt là ce qui donne lieu aux Maiſtres qui excellent, de faire répondre inviolablement leurs Chants à leurs Sujets, qui eſt la plus haute perfection de l'Art, & l'écueil ordinaire des ignorans ; c'eſt à dire, d'exprimer par leurs Sons, tout ce que nous exprimons par nos paroles, & d'avoir le ſecret de faire que l'air du Chant ſoit gay,*

quent toutes leurs cadences, quoy que ce ſoit dans vne élevation differente, puiſque le Mode Authentique s'éleve toûjours vne Quarte au deſſus de ſon Plagal, & que le Mode Plagal deſcend vne Quarte plus bas que ſon Authentique. p L'vn & l'autre partagent encore leur Quinte en deux Tierces, majeure & mineure, (la Quarte ne ſe partage point) & de ces deux diviſions de l'Octave, & de la Quinte, il en reſulte Quatre Degrez ou quatre Nombres, qui ſont les cadences regulieres & parfaites, ou les cordes principales & plus naturelles de chaque Mode, ſç. 1. le premier & plus bas Degré de l'Octave, 2. le dernier & le plus haut, 3. le Degré de la diviſion de l'Octave, 4. & le Degré de la diviſion de la Quinte. q Ces quatre cordes ou cadences, eſtant appliquées bien à propos, font le meſme effet dans le Chant, que les Virgules, les Points, & vn ſens, avec des mots & des Periodes d'élite, dans le diſcours. Les quatre Degrez qu'on voit omis dans tous, ſont les cordes qui n'y ſont point naturelles, ou les cadences qui y ſont irregulieres. Le plus bas Degré de la Quinte eſt la Finale de chaque Mode, & le plus haut en eſt la Dominante dans les Modes Authentiques, mais dans les Modes Plagaux, c'eſt le Degré de ſa diviſion, & dans quelques vns, c'eſt celuy d'aprés, qui eſt le penultiéme de l'Octave.

Ce qui fait la difference de ces Modes, & generalement de tout le Chant, n'eſt autre choſe que le Demy-ton, qui eſt l'ame de l'harmonie, & qu'on place diverſement. En tranſpoſant ce Demy-ton dans tous les 7. [t7] qui ſe rencontrent, r on peut tranſpoſer entierement & tous ces Modes & toutes ſortes d'Airs, vne Quinte plus bas, ou vne Quarte plus haut, le Chant demeurant toûjours le meſme, & n'y ayant ſeulement difference que de Nombres: & au contraire, en le tranſpoſant dans tous les 4. [t4] on peut tranſpoſer entierement les meſmes, ou vne Quarte plus bas ou vne Quinte plus haut qu'ils ne ſeroient dans leur naturel, ſans que cela y apporte aucune alteration, ſinon celle qu'on vient de dire: ce qui eſt fort vtile & fort commode pour les Inſtrumens, ſoit pour les accorder facilement avec les Voix, ſoit pour en accorder differens enſemble.

On peut voir ce qu'on trouve icy omis, dans les Auteurs qui ont traité de ces Modes au long, ou attendre la Methode. Il eſt vray que la pluſpart de ces Auteurs ſont ſi obſcurs en ce lieu de leurs écrits, ſoit que la difficulté de la matiere ne leur ait pas permis d'eſtre plus clairs, ou pour quelque autre raiſon qu'on ne penetre pas, qu'il ſemble que cet endroit ſoit vn veritable Labyrinthe, embaraſſé de plus de détours que n'eſtoit celuy de Crete: mais peut-eſtre que cette Table aidera à s'en démeſler, & qu'elle y fera trouver quelque iſſuë, pourveu toutefois qu'on la prenne du bon ſens, c'eſt à dire, qu'on n'aille pas s'arreſter à pointiller ſur des noms,

ſi la matiere eſt joyeuſe, lugubre ſi elle eſt triſte; & que tout y paroiſſe noble & naturel, rien de bas ny de forcé.

p LA QVINTE, *& la* QVARTE *qui partagent l'*OCTAVE, *font les plus doux accords aprés elle, & l'Vniſſon. La* 1. *a retenu dans les Auteurs Latins le nom qu'elle avoit receu des Grecs,* Διὰ πέντε. *Diapente.* i. e. per quinque gradus. *& la* 2. Διὰ τεσσαρῶν. *Diateſſaron.* i. e. per quatuor.

q *Les* CADENCES *d'un Mode ſont certains Degrez ſur leſquels la Voix tombe agreablement & ſouvent; pour le moins à la fin de chaque ſens & de chaque Periode.*

La Cadence FINALE *eſt le Degré par lequel la Voix doit finir, & le Chant ſe conclure.*

La DOMINANTE *eſt celuy ſur lequel il tient le plus ferme, & où la Voix ſe trouve le plus frequemment.*

r *Ce n'eſt pas la*

noms, qui ne font rien à la chose, & sur vn ordre, qui ne peut jamais estre plus beau que le naturel.

Quoy qu'il en soit, ces Modes ont des proprietez surprenantes, les vns excitent la joye, les autres tirent des larmes, tous font naistre differentes passions ou differens mouvemens dans l'ame: & il est à presumer, que les noms qu'on leur donne encore maintenant d'*Ionien*, *Dorien*, *Phrygien*, *Lydien*, *Mixolydien*, *Æolien*, &c. viennent ou de ce que ces Nations les ont inventez, ou plûtost de ce qu'elles se servoient des vns plus volontiers que des autres, selon que la differente harmonie de ces Modes produisoit des effets plus conformes à leurs inclinations, & au panchant qu'ils avoient pour le vice ou pour la vertu. L'Eglise a trouvé heureusement le moyen de les faire tous servir à la devotion & à la pieté; il seroit seulement à souhaitter qu'on eust rendu son Chant un peu plus syllabique qu'il n'est pas, principalement en certains endroits où il se voit de longues suites & des traisnées ennuyeuses de Notes, dont on pourroit retrancher plus de la juste moitié, sans faire tort ny à la devotion, ny au Mode.

Ces QVATRE TABLES renferment donc entierement, & si l'on ne s'est pas trompé, assez methodiquement, les principes & la science entiere de l'Intonation, qu'on a regardée de tout temps comme vne chose tres-épineuse, (on en avoit sujet) & qu'on peut dire estre tout ce qu'il y a de plus necessaire & de plus solide dans l'Art. Lors qu'on les sçaura parfaitement, on doit passer aussi-tost dans les Livres (dont on ne manquera point, si cette Methode est agreée du Public) & y appliquer ces Tables à la Lettre, ce qui n'est pas difficile, & qu'on peut faire de soy-mesme, quand on sçait tres-bien la Note. Ce doit estre là l'ordre & la methode de l'Intonation, qu'on n'a pas expliquée plus au long, dans la crainte de l'obscurcir en pensant luy donner du jour: en tout cas, il y aura toûjours assez lieu de l'étendre dans la Methode, si l'on voit qu'il en soit besoin. Passons aux Elemens & aux Mesures

difference des Degrez, mais c'est la difference des Intervalles qui fait la difference des Sons & du Chant: de sorte que si les Degrez sont differens, & que les Intervalles soient les mesmes & gardent le mesme ordre de part & d'autre, le Chant ne varie point, quoy que les Nombres soient divers, c'est toûjours le mesme Air, c'est la mesme Intonation; il n'y a par exemple, aucune difference entre entonner 12 & entonner 45 ou 3t4: 34 & 71. ou 6t7 : 123 & 456 ou 567: 1234 & 456t7 ou 5671.: 12345 & 456t71. ou 5671.2.: 123456 & 456t71.2. ou 5671.2.3.: 1234567I. & 456t71.2.34 ou 5671.2.3t45. On voit par ces exemples, combien il est facile de transposer toutes sortes d'Airs, de Chants, &c.

DE LA MVSIQVE.

SECONDE PARTIE.

2. LES MESVRES, qui sont particulieres à la Musique, & qui font sa principale difference d'avec le Plein-Chant, consistent à étendre ou à faire durer les Sons les vns plus, les autres moins, & pareillement à faire des Pauses les unes plus longues, les autres plus courtes, suivant que les Signes qui en marquent l'étenduë ou la quantité, ont plus ou moins de valeur. On ne rapporte point icy les raisons qu'on avoit de n'y pas toucher, ny celles qu'on a euës de le faire, il suffit de dire ce qu'on y a fait.

D'abord qu'on eut remarqué, que les Musiciens admettoient 8.

ſortes de valeurs dans leurs Notes, & pareil nombre dans leurs Pauſes, qui ſont les meſmes & reglées par le meſme Battement dans les vnes que dans les autres (encore qu'ils les marquent d'vne maniere bien differente); on crût qu'il ſeroit non ſeulement facile de les appliquer à ces Nombres, mais encore qu'on pouvoit apporter la meſme netteté dans les Meſures qu'on croyoit avoir fait dans l'Intonation, & que tout ainſi que les 7. premiers caracteres des Nombres pris dans leur progreſſion Arithmetique, marquoient avec beaucoup d'ordre & de clarté les 7. differens Sons de la Simphonie & du Chant, de meſme les 8. premiers caracteres des Lettres pris dans vne progreſſion Geometrique & en raiſon double, f telle qu'eſt celle de ces 8. valeurs, pouvoient marquer fort nettement & fort diſtinctement les 8 ſortes de Meſures & de Pauſes qui ſont en vſage dans la Muſique.

f Cette Progreſſion ſe fait lors que le premier de deux termes conſecutifs eſt contenu préciſement deux fois dans le ſecond, le ſecond deux fois dans le troiſiéme le troiſiéme deux fois, dans le quatriéme, & toûjours de meſme juſques à l'infiny. Exemple dans les Nombres qui répond à ces Lettres: 1. 2. 4. 8. 16. 32. 64. 128. *D'où il faut conclure, que* b *c'eſt à dire, vn Nombre ou un Son meſuré par* b, *doit durer autant que* a a, *ou que* 2. *Sons meſurez chacun par* a : c *autant que* b b *& que* a a a a : *d autant que* c c, *que* b b b b, *& que* 8. a : *enfin, autant que* d d, *que* cccc, *que* 8. b. *& que* 16. a : *& par la raiſon inverſe, que* b c d *avec* i *ſç* bi ci di, *&c. vallent plus de moitié, que ne font* b c d *&c. ſeuls.*

Ainſi on attacha l'idée d'étenduë aux Lettres, comme on avoit fait celle de Son aux Nombres, & on donna à ces 8 (a b c d e f g h) vne valeur proportionnée, en cette ſorte : On conſideroit *a*, dans les Meſures, comme on fait l'Unité dans les Nombres, & le Point dans les Lignes, c'eſt à dire, comme vne valeur ou étenduë de Son indiviſible, qui eſtoit la moindre de toutes, & entroit dans toutes. Elle faiſoit [*a*] vn quart de tems, ou la ſeiziéme partie d'vne Meſure; *b* vn demy tems, ou la huitiéme partie d'vne Meſure; *c* vn temps, ou vn quart de Meſure; *d* deux tems, ou demy Meſure; *e* vne Meſure entiere; *f* 2. Meſures, *g* 4. Meſures; *h* enfin, 8 Meſures. L'*i*, ou l'*iota*, aprés vne de ces Lettres augmentoit ſa valeur de moitié, & l'*ff*. double à la fin d'vne Piece, eſtoit la Meſure finale ou le point d'Orgue, vne Table expliquera cela mieux.

MESVRES OV VALEVRS DE MVSIQVE

avec les proportions qu'elles gardent entre elles.

<table>
<tr><td>16. a vallent</td><td>a</td><td>a</td><td>a</td><td>a</td><td>a</td><td>a</td><td>a</td><td>a</td><td>a</td><td>a</td><td>a</td><td>a</td><td>a</td><td>a</td><td>a</td><td>a</td></tr>
<tr><td>8. b vallent</td><td colspan="2">b</td><td colspan="2">b</td><td colspan="2">b</td><td colspan="2">b</td><td colspan="2">b</td><td colspan="2">b</td><td colspan="2">b</td><td colspan="2">b</td></tr>
<tr><td>4. c vallent</td><td colspan="4">c</td><td colspan="4">c</td><td colspan="4">c</td><td colspan="4">c</td></tr>
<tr><td>2. d vallent</td><td colspan="8">d</td><td colspan="8">d</td></tr>
<tr><td>1. e vaut</td><td colspan="16">VNE e MESVRE.</td></tr>
<tr><td></td><td colspan="4">f vaut 2 Meſures.</td><td colspan="4">g 4 Meſures.</td><td colspan="4">h 8 Meſures.</td><td colspan="4">ff. eſt la Meſure finale.</td></tr>
</table>

On trouvoit ces Lettres aſſez naturelles & aſſez ſimples, neanmoins dans la crainte qu'on a euë depuis, qu'elles ne partageaſſent l'attention au lieu de la reünir, à cauſe qu'elles font vne ligne ſeparée des Nombres, comme on verra dans cet Eſſay, on a cherché vne voye qui fût plus commode, & on a trouvé, ce ſemble fort à propos, les Signes de la Poëſie. La Poëſie & la Muſique ſont deux Sœurs ou deux Compagnes qui ſe reſſemblent beaucoup d'air & de viſage, qui s'aiment extrémement enſemble, & qui toutes 2. marchent également par cadences & par nombres; ainſi on ne doit pas trouver étrange que l'vne emprunte quelque choſe de l'autre, ny que celle-là preſte les Signes avec leſquels elle meſure les Syllabes & les pieds de ſes Vers, & dont elle ſe ſert peu, à celle-cy, qui en a beſoin, pour meſurer les Sons & les Pauſes de de ſes Pieces. Ces Signes s'accorderont parfaitement bien avec les Nombres, & les vns & les autres eſtant incorporez ou gravez enſemble, ne feront qu'vne meſme ligne, qui n'eſt pas vn embarras.

La Poëſie a trois ſortes de Signes, les *Breves* [◡], les *Longues* [-] & l'*anceps*, ou Signe douteux [˘] : les Bréves marqueront donc les tems de Muſique au lieu de c, les Longues les demy-meſures au lieu de d, & l'*anceps*, la Meſure finale au lieu d'ff. car la derniere Meſure d'vne Piece eſt en quelque façon comme la derniere Syllabe d'vn Vers, *Longa ſit anne brevis nullum diſcrimen habetur.*

De ces breves & de ces longues on en a formé les ſix autres valeurs en la maniere qui ſuit; les breves renverſées [◠] marqueront les demy-temps au lieu de b, & la moitié de ce renverſement, qui eſt proprement ou vne Virgule ou vn Apoſtrophe ['], le quart de temps au lieu d'a. Les longues jointes deux enſemble obliquement [ᴧ], ce qui s'appelle vn circonflexe, en termes de Grammaire, & qui forme vn veritable angle, en fait de Mathematiques, marqueront vne meſure entiere au lieu d'e, vn *Tau* [ᴛ], qui contient deux angles, deux meſures au lieu d'f, vne ſimple croix [+] qui en comprend quatre, 4 meſures au lieu de g, & vne double croix, ou vne croix de Lorraine [‡], qui en renferme huit, 8 meſures au lieu d'h. Vn Point [.] mis apres vn de ces Signes au lieu de l'*iota*, en augmentera la valeur de moitié, & vn accent aigu [ˊ], ou vn trait de plume équivalent, ſeparera toutes les Meſures.

Comme les trois derniers Signes marquent vne étenduë capable de laſſer la Voix, ils ne meſurent preſque jamais que des Pauſes, mais les cinq autres qui ſont marquez & compaſſez dans la Table, ayant vne étenduë plus naturelle & plus conforme à la durée de la Voix, meſurent indifferemment les Sons & les Pauſes; les Sons, ſi on les place directement ſur des Nombres, les Pauſes ou le ſilence, ſi on ne met au contraire, aucuns Nombres au deſſous d'eux qu'ils puiſſent meſurer, cette diſtinction eſt facile & ſuffit.

Enfin, comme la Meſure, qu'on appelle ainſi par excellence, eſt

t MESVRES & PAVSES *en deux manieres.*

a ' *quart de* T.

b ◠ *demy* T.

c ◡ *quart de* M.

d - *demy* T.

e ᴧ MESVRE.

f ᴛ *deux* M.

g + *quatre* M.

h ‡ *huit* M.

i . *moitié plus.*

bi ◠. & *demy.*

ci ◡. & *demy.*

di -. & *demy.*

ff. ˘ *M. finale.*

| ' *ſeparation.*

u *Quoy que le Plein-Chant n'ait pas beſoin de ces valeurs, puiſque tous les Sons y ont vne étenduë égale, ſi l'on excepte ceux qui ſe rencontrent ſur la penultiéme bréve d'vn mot, leſquels doivent ſuivre la quantité de la Syllabe, & qu'il ne faut que toucher; cependant on pourroit en employer quelques vnes pour oſter deux grands défauts qui ſe voyent fort frequemment dans les Chœurs qui ne ſont pas*

la regle des autres valeurs, de mesme le Battement est la regle des Mesures; s'il est viste il faut qu'elles durent moins; s'il est lent, elles doivent durer davantage : & toutes les autres valeurs (qui sont entraisnées par cette Mesure, comme les autres cieux par le premier Mobile) à proportion. Les Musiciens en distinguent de trois sortes, à 4. à 3. & à 2. tems, qu'ils battent en deux differentes manieres, ou gravement ou legerement : En voicy toutes les differences exprimées par autant de chiffres Romains, qui marquent qu'il faut battre la Mesure d'vne Piece,

IV. à 4. tems *gravement*, deux en frappant, & deux en levant.
III. à 3. tems gravement, deux en frappant & vn en levant.
II. à 2. tems gravement, vn en frappant, & vn en levant.
Iij. à 3. tems gravement, & diminuë toutes les valeurs de moitié.
iv. à 4. tems *legerement*, deux en frappant, &c. *comme dessus*.
iij. à 3. tems legerement, deux en frappant, &c.
ij. à 2. tems legerement, vn en frappant, &c.

Si le Battement se fait à quatre tems, on bat chaque tems sur chaque quart de Mesure; s'il se fait à trois, sur chaque tiers; & s'il ne se fait qu'à deux, sur chaque moitié.

Vn R capital suivi immediatement de 2 Points [R:] vers le milieu d'vne Piece, marque qu'il en faut repeter le commencement; & n'estant suivi que d'vn seul [R.] là ou ailleurs, il montre le lieu où l'on en doit faire la reprise lors qu'on est à la fin. Les 2 Points seuls [:] marquent la separation de 2 Vers, & quelque fleuron la distinction des parties d'vne Piece, vne difference de Chant, &c.

Voilà succinctement ce que l'on peut dire, & toutes les instructions qu'on peut donner dans vn Essay informe, tel qu'est celuy-cy : Il ne renferme simplement que ce qui est necessaire pour faire connoistre quel est le dessein de l'Auteur, & pour pouvoir en porter jugement. C'est pourquoy on supplie ceux qui voudront bien se donner la peine de le lire & d'en faire l'examen, de suppléer à plusieurs défauts tant d'expression que d'impression, qu'on n'a pas pû éviter : comme il a fallu pour ainsi dire, tirer la plus-part des choses qu'on y rapporte hors du neant, on a esté obligé de ne les pas quitter de veuë, & de les disposer comme on a pû & de la maniere qu'on a pû, à mesure qu'elles se sont presentées. On aura donc la bonté de les considerer, non comme elles y sont, mais comme elles y devroient estre, & comme elles y seroient en effet, si on avoit les caracteres dont on a besoin, & sans lesquels l'Imprimerie ne peut donner aucun Ouvrage dans la perfection qu'on le souhaitte, & que ce dessein demande.

On craint bien mesme qu'on ne se soit par trop exposé, particulierement au fait de la Musique, osant donner à des personnes

tres-bien reglez. Car ou l'on y precipite, ou l'on traisne, qui sont deux extremitez également blasmables; & rarement on y garde cette mediocrité qui est requise en toutes choses excepté dans la charité, où il n'y a point de mesures à garder, dit le devot S. Bernard, Modus diligendi Deum est diligere sine modo. *Il semble donc, que pour garder plus d'ordre, & pour se conformer à l'intention de l'Eglise, il faudroit distinguer le Chant comme elle a fait ses Offices & ses Festes : On pourroit, par ex. y fixer de trois manieres de chanter dont on ne s'écarteroit jamais, & qu'on marqueroit par trois valeurs convenables* b c d, *qui regleroient la durée des Sons, & qui feroient dans les Chœurs ce que fait la mesure ou le battement dans les concerts.* b. *marqueroit qu'vne telle chose se doit chanter legerement ou rondement, sans precipitation*

délicates & difficiles des exemples si imparfaits : car pour le Plein-Chant, s'il y a des défauts, comme on n'en doute point, la charité en excusera, mais pour la Musique, des personnes s'en meslent qui vray-semblablement ne sont gueres propres à excuser. Il y en aura entre autres, qui se persuaderont que c'est leur faire injure & insulte, que de vouloir donner des regles d'vn Art dans lequel ils croyent exceller, & dont on n'a jamais fait profession, & ils ne manqueront pas, bien ou mal, d'objecter cet ancien Proverbe, *Ne vities Musicam.* Pourquoy, diront-ils, troubler la Musique ? Ils ne prennent pas garde, que ceux qui font les meilleurs Instrumens ne sont pas toûjours ceux qui les touchent le plus delicatement : & on pourroit leur répondre assez à propos par vn autre Proverbe, *Serere ne dubites.* x Pourquoy ne pas faciliter la Musique ? mais on répondra ailleurs à cela & à tout, plus solidement s'il est necessaire : on les prie seulement de considerer les peines qu'ils ont euës autrefois, pour apprendre ce qu'ils sçavent, & s'ils estoient encore dans le mesme estat, combien ils se tiendroient obligez à qui voudroit leur applanir & leur abreger vn chemin si rude & si long. Enfin, on ne croit point avoir merité ce reproche, mais on ne peut pas contenter tout le monde, *ne Jupiter quidem omnibus placet* ; & on joüiroit de trop de bonheur icy bas, si les préjugez n'y triomphoient jamais de la raison. Pour répondre donc en peu de paroles, il suffit de dire, qu'on n'a pas travaillé à cette Invention pour les Maistres, ny pour ceux qui sçavent parfaitement Plein-Chant & Musique, mais pour ceux qui ne sçavent ny l'un ny l'autre, & qui ne peuvent pas donner tout le tems & toute l'application qu'il y faut necessairement donner pour les bien apprendre, suivant la Methode commune. On a mesme hesité fort long-tems si l'on devoit toucher à vne chose si delicate que la Musique, & on ne s'y seroit jamais voulu engager, si l'étenduë de ce dessein ne l'eust exigé ainsi ; & de plus, si l'on n'eust eu en veuë de satisfaire à la pieté de plusieurs Fideles, qui non contens d'avoir appris le Plein-Chant, afin d'avoir occasion de loüer Dieu plus dignement dans ses Temples, voudront encore apprendre la Musique, afin de le glorifier de mesme dans leurs familles, & suivant le conseil de l'Apostre, *de pouvoir s'entretenir, s'instruire & s'exhorter les vns les autres par des Pseaumes, des Hymnes & des Cantiques spirituels, chantant de cœur avec edification les loüanges du Seigneur.*

neanmoins ; e pleinement ou quarrement ; d gravement ou lentement, sans toutefois traisner : ainsi personne ne suivroit son caprice, & tous chanteroient uniformément, mais cela n'est qu'une belle idée ; on sçait ceux à qui il appartient d'en faire une realité, quand il leur plaira : & on n'a garde d'estre assez temeraire, que d'oser donner des regles aux personnes de qui on doit les recevoir.

x Rusticanum adagium, sed non insulsum. Quo monemur, ne quando pigeat ejusmodi rerum aliquid moliri, à quibus nihil omninò dispendii, plurimũ emolumenti possit proficisci, si non in præsens, certe in posterum, si non nobis, at saltem posteris. *Erasm.*

Ephes c. 5 v. 19. *Coloss.* c. 3. v. 16.

C'estoit autrefois la sainte occupation, & la loüable pratique des premiers Chrestiens,* dont toutes les voix estoient comme autant de celestes échô, qui faisoient retentir incessamment en tous lieux les merveilles de Dieu, & toutes les familles comme autant de Tem-

* *Voyez le témoignage des PP.* pag. 24. à la marge.

ples consacrez à la gloire & à la Majesté de son auguste Nom; & cette pratique qui d'ailleurs est si sainte, a paru tellement naturelle à quelques Peres de l'Eglise, * qu'ils se sont servis de l'exemple des autres creatures pour nous y porter. Rien ne seroit si édifiant en effet, ny si recommandable parmy des Catholiques, & dans des familles Chrestiennes, que d'y faire renaistre cette ancienne & religieuse coûtume: Rien si digne du zele des Peres & des Meres, que d'y former de bonne heure leurs enfans, & de les animer eux-mesmes par leur exemple, à chanter dans vne parfaite vnion de cœurs & de voix, des Hymnes, des Pseaumes & des Cantiques pieux, comme on faisoit dans ces siecles de pureté & d'innocence, au lieu de tant de divertissemens, ou vains ou illicites, qu'on leur permet, dans lesquels on les éleve & ausquels ils s'occupent, c'est trop peu dire inutilement, mais imprudemment tout le reste de leur vie; puis qu'outre la perte du tems laquelle est irreparable, ils s'exposent souvent à la perte du salut, qui n'a point de prix, & que ces divertissemens, pour la pluspart, sont funestes à la pieté, portent au libertinage & à l'irreligion, & causent enfin tous les autres desordres que chacun sçait, & qu'il n'est pas besoin d'expliquer.

Les Chants & les entretiens spirituels que l'Apostre nous conseille, & ausquels les SS. Peres nous exhortent, * font naistre au contraire, & entretiennent toûjours de pieux sentimens dans l'ame, bannissent du cœur ces flâmes impures & coupables, & n'y inspirent rien qu'vn amour tout chaste & tout pur. On pourroit encore, sans aucun scrupule, joindre les Instrumens avec les Voix, dans ces devots & religieux concerts: car tout doit servir à Dieu, outre que ce seroit vne espece de reparation & d'amende honorable qu'on luy feroit, de ce que peut-estre on les a fait servir davantage au monde qu'à luy. On atteste icy toutes les personnes équitables, & qui conservent quelques sentimens de pieté, si l'on peut se divertir plus innocemment, & si aprés les devoirs de religion envers Dieu, & les exercices de charité envers le prochain, on peut employer plus saintement & plus Chrestiennement, qu'à ces actions de graces & d'vne deuë reconnoissance, les jours de Dimanches & de Festes, dont la plufpart des Chrestiens font vne profanation criminelle & scandaleuse, au grand opprobre du Christianisme & de l'Eglise.

Si donc on pouvoit avoir contribué par le moyen de cette Methode, à détourner vn si grand mal & à avancer vn si grand bien, comme il n'est pas entierement à desesperer, *Si non nobis, at saltem posteris*, & qu'avec cela, on eust encore pû déraciner du Plein-Chant (de cecy on n'en peut presque douter) les épines qui y pulluloient ou qui y renaissoient toûjours, n'auroit-on pas eu vn succés

*Venit in mentem avium natura, quæ cum eunt cubitum, quasi peracto lætæ munere, æthera cantu mulcere consuerunt: quod velut solenniter surgente & occidente die, instaurare cõsuerunt, vt decursi vel adoriendi nocturni juxta ac diurni temporis laudes suo referant Creatori. Magnum igitur incentivum excitãdæ nobis devotionis amiseram. Quis enim sensensum hominis gerens, non erubescat sine Psalmorũ celebritate diem claudere & adoriri, cum etiam minutissimæ aves solenni devotione, & dulci carmine ortus dierum ac noctium prosequantur? *Ambr. Hexaëm. l. 5. c. 12.*

* Quid Psalmo gratius? Hic omni dulcis ætati, hic vtrique aptus est sexui. Hunc senes rigore senectutis deposito, canunt: hunc veterani tristes in cordis sui jucunditate respondent. Hunc juvenes sine invidia cantant lasciviæ: hunc ado-

autant heureux qu'on pouvoit le pretendre, & y auroit-il lieu de se mettre en peine de ce que pourront dire quelques personnes qui condamneront peut-estre, ce qu'elles ne connoissent pas, ou qui croiront qu'on leur fait vn extréme tort, dans le tems mesme qu'on travaille à leur rendre le plus de service? On dira tout ce que l'on voudra, mais il sera toûjours constamment vray, qu'on ne s'est proposé autre but, que d'essayer à faire quelque chose qui pût estre vtile pour le service du Public, & particulierement pour celuy de l'Eglise, & des Fideles, *non inferiora secutus.*

Si on a réüssi dans vne entreprise si haute & si hardie, que la gloire en soit renduë à Dieu seul, qui en a inspiré & conduit le dessein. Que si au contraire, on n'y a pas réüssi comme on avoit tasché, & esperé, qu'il en soit pareillement beny, *Servi inutiles sumus:* c'est à l'homme à travailler de toutes ses forces, toûjours avec fidelité & avec amour, & c'est à Dieu ensuite à donner telle benediction & tel succés qu'il luy plaist à son travail, *quod debuimus facere fecimus.* On ne peut manquer ny se méprendre, quand on ne veut que ce que Dieu veut, & en la maniere qu'il le veut, mais on doit toûjours mettre la main à l'œuvre quand on croit & qu'on sçait qu'il le veut; arrive du reste ce qu'il pourra, on n'est jamais trompé ny frustré de son attente, lors qu'on travaille purement & vniquement pour sa gloire.

Quant au Public, on a esté remply de mesme de bonne volonté & d'affection de le servir, si on ne l'a pas fait c'est qu'on n'a pû. On ne doute point que cette Invention ne luy paroisse dabord estre tres-peu dechose, mais on espere que quand il aura bien reflechy dessus, il trouvera qu'elle a des suites fort grandes. Elle est petite en soy veritablement, mais les plus petites choses ne sont pas toûjours les plus méprisables, ce sont quelquefois au contraire, celles qu'on estime davantage, & qui ont vn plus grand prix. Vn diamant, tout brut qu'il soit, vaut mieux qu'vne pierre commune, quoy que fort grosse, & taillée avec beaucoup de soin & de peine. On ne juge pas ordinairement bien de la bonté ou de l'excellence des choses par la quantité de leur masse; il se voit des pieces de mignature qui ne cedent point aux plus grands Tableaux, & vn Sculpteur se rend quelquefois autant ou plus recommandable, en nous representant vn moucheron ou vn fourmy, avec toutes ses parties & toutes ses proportions, sur vn morceau d'yvoire, que lors qu'il tire vn Geant ou quelque Colosse d'vne grandeur excessive sur la bronze & sur le marbre.

Au reste, quoy que cette Invention soit fort simple, ce n'est point là ce qui fera sa honte, c'est de sa simplicité au contraire, qu'elle doit tirer toute sa gloire & tout son éclat, si toutefois

lescentes sine lubricæ ætatis periculo & tentamento concinunt voluptatis, juvenculæ ipsæ sine dispendio matronalis psallunt pudoris: puellulæ sine prolapsione verecundiæ, cum sobrietate gravitatis hymnum Deo inflexæ vocis suavitate modulantur. Hunc tenera gestit pueritia, hunc meditari gaudet infantia, quæ alia declinat ediscere. Psalmum Reges sine potestatis supercilio resultant. In hoc se ministerio David gaudebat videri. Psalmus cantatur ab Imperatoribus, jubilatur à populis. Certant clamare singuli, quod omnibus proficit. &c. *Idem S. Ambr. Præfat. in Psalm.*

* Quas tibi Deus meus, voces dabam in Psalmis illis, & quomodo in te inflammabar ex eis: & accendebar eos recitare, si possem, toto terrarum orbe, adversus typhũ generis humani? *Aug. lib. 9. Confess. c. 4. & alibi.* Idem *passim alii SS. PP.*

elle merite d'en recevoir aucun ; & pour eſtre ſimple, il ne faut pas s'imaginer qu'elle en ait moins coûté d'application ny de peine, IN TENUI LABOR. Qu'on demande à ceux qui vont peſcher les perles dans les mers de l'Orient, combien ils viſitent quelquefois de plages auparavant que d'en trouver vne qui ſoit feconde, & là, combien il leur vient de perles dont ils ne font pas de cas, auparavant qu'ils en ayent amené vne fine ? & aux Lapidaires qui vont chercher les pierreries dans les Indes, combien il leur faut foüiller & remuer, avant que de rencontrer vn champ qui ſoit heureux, & l'ayant découvert, combien il leur paſſe encore de pierreries de rebut par les mains, auparavant que d'en pouvoir trouver de precieuſes ? La difficulté n'eſt pas de détacher ces perles de leurs nacres, ny de lever ces pierreries hors du champ, d'arranger & d'égaler les vnes, ny de tailler & de mettre les autres en œuvre, c'eſt où eſt le plaiſir : toute la difficulté & tout le bonheur eſt de les trouver, & d'en ſçavoir connoiſtre le prix.

Mais on ne prend pas garde, que par ces paroles on avance ſa condamnation, ou pour mieux dire, qu'on ſe condamne ſoy-meſme, en ſe ſervant de comparaiſons ſi diſproportionnées ; & que cette idée de perles & de pierreries, pourra réveiller celle de hapelourdes & de faux diamans. Les ouvriers & les curieux qui ont des yeux penetrans & ſubtils, voudront indubitablement voir ſi on ne les trompe pas, & s'éclaircir de la bonté ou de la fauſſeté d'vne piece qu'on leur dit eſtre vn bijoux des plus rares ; & peut-eſtre trouveront-ils, que ce n'eſt pas ce qu'on leur a vanté, qu'on s'eſt laiſſé ébloüir par vn faux éclat & par vne beauté apparente, & qu'on n'a rapporté en effet, que des hapelourdes & de faux diamans, là où l'on penſoit s'eſtre chargé de pierreries fines, & de perles veritables. Mais on pretend eſtre pleinement juſtifié par cela meſme : car encore qu'on n'euſt pas réüſſi dans la recherche qu'on a faite, ny rapporté de ce voyage autant qu'on avoit crû, ou qu'on s'eſtoit promis, on a bien voulu neanmoins riſquer beaucoup pour taſcher à le faire heureux, & s'il ſe pouvoit, d'eſtre vtile à autruy. Ainſi on eſt fortement perſuadé, qu'il n'y aura point de perſonnes raiſonnables qui n'avoüent, qu'on merite au moins quelque excuſe ; & que c'eſt toûjours avoir beaucoup fait, que d'avoir eu le deſſein & s'eſtre mis en eſtat de bien faire.

PAVPER ET INOPS LAVDABVNT NOMEN TVVM.

Bene Pſallite ei. Pſal. 32.

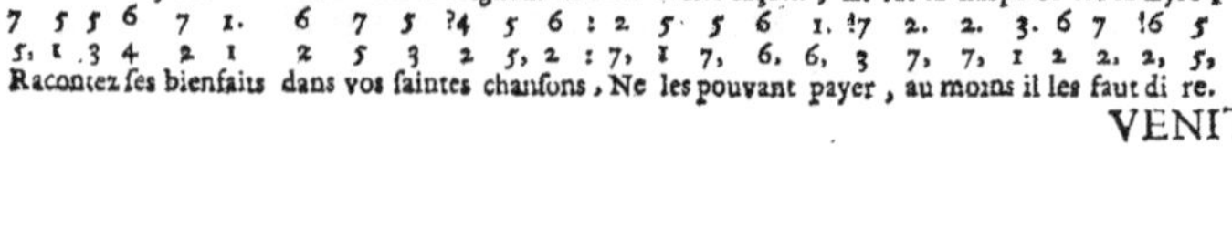

Deſſus. 2 5 3 · C 5 ?4 5 6 7 5 2. !7 5 7 ?1. 2. : 7 1. 2. 3. 3.! 2. 1. !7 6 :
Baſſe. 2, 5, 5 · 5, 2 5 ?4 5 3 7, 3 3 5 3 2 : 5 3 7, 1 1 2 2 3 6, :
Pſalm. CElebrez le Seigneur en cent doctes façons, Et ſur la harpe & ſur la Lyre,
7 5 5 6 7 1. 6 7 5 ?4 5 6 : 2 5 5 6 1. !7 2. 2. 3. 6 7 !6 5
5, 1 3 4 2 1 2 5 3 2 5, 2 : 7, 1 7, 6, 6, 3 7, 7, 1 2 2, 2, 5,
Racontez ſes bienfaits dans vos ſaintes chanſons, Ne les pouvant payer, au moins il les faut di re.

* Nec ſit vel hora convivii gratiæ cæleſtis immunis, ſonet Pſalmos convivium ſobrium ; & vt tibi vox canora eſt, aggredere hoc munus ex more prolectet aures religioſa mulcedo. *S. Cypr. Epiſt. ad Donat.*

* Poſt aquam manualem & lumina, vt quiſque de ſcripturis ſanctis vel de proprio ingenio poteſt, provocatur in medium Deo canere. *Tertul. in Apolog. c.* 39.

* Sonant inter duos (*maritum & vxorem*) Pſalmi & Hymni, & mutuo provocant quis melius Deo ſuo cantet. Talia Chriſtus videns & audiens gaudet, his pacem ſuam mittit, &c. *Idem Tertul. ad vxor. lib 2. cap. ultim.*

* *Noſtis eum morem, —— & ſero libatis veſpere ſacris, Quiſque ſuas remeare domos : tunc ergo ſolutis Cœtibus à templo Domini, poſtquam data feſſis Corporibus requies, ſumpta dape, cœpimus hymnos Exultare Deo, & Pſalmis producere noctem.* S. Paulin. in Natal. B. Felicis. Natal. 7.

·I 3 t 7·
Psalm.

3 5 6 6 6 6
Eníte exulté-

5 6t76 5 6 3 5 6
mus Dó mino, jubilé-

6 5 6 5 432 34 54
mus Deo ſa lu tá ri

34 43 3 5 6 6 6
noſtro : præoccupémus

6 5 5 6t765 56 5 432
fáci ē e jus in con-

34 54 34 32 1 24 34
feſſi ó ne & in Pſal-

42 2 3 4 546 5433
mis jubi lémus e i.

D

* CHANT DE L'EGLISE. *ou* PLEIN-CHANT. *tiré, pour la pluſpart, du Graduel & de l'Antiphonaire Romain.* Quantum flevi in hymnis & canticis tuis, ſuave-ſonantis Eccleſiæ tuæ vocibus cõmotus acriter? Voces illæ influebant auribus meis, & eliquabatur veritas tua in cor meum, & exæſtuabat inde affectus pietatis, & currebant lachrymæ, & bene mihi erat cum eis. *S Aug. lib. 9. Conf. c. 6.*

Combien verſay-je de pleurs par la violente émotion que je reſſentois lors que j'entendois dans voſtre Egliſe chanter des Hymnes & des Cantiques à voſtre loüange? En meſme tems que ces Sons ſi doux & ſi agreables frappoient mes oreilles, voſtre verité ſe couloit par eux dans mon cœur : Elle excitoit dans moy des mouvemens d'une devotion extraordinaire : Elle me tiroit des larmes des yeux ; & me faiſoit trouver du ſoulagement & des délices meſmes dans ces larmes. Mr d'Andilly.

INVITATOIRE.

6, 112 1 217,1 1 1 24 34221
SVrre xit Do minus ve rè. ¶

✠5,15✠ 1 3 5 5 5 5 32 4 3 3
Psal. VEnite exultemus Domino,

1 2 3 3 3 3 3 23 43 21 2 1
jubilemus Deo ſa lu ta ri noſtro:

1 3 5 5 5 5 3 3 4 3 3 23
præoccupemus faci em ejus in con-

43 21 2 1 5, 6, 12 1 1 217,1
feſ ſi o ne, & in Pſalmis jubilemus

24 34221 123 2317,6, 123232 21
e i. ¶ Al le lu ya.

CANTIQVE DE LOVANGES.

✠116✠ 143 45 5 45 5 3245 5 5 56 5 54 32
Hym. BE ne dìctus es Dó mine Deus patrum

45 432 12 ✠ 14 2 232 1 1 1 3 4 545 43 2
noſtró rum. ℟. Et lau dá bilis & glori ó ſus in

232 1 1 1 143 45 56 5 3245 5 56 5 5
ſæ cula. ET be ne díctum no men gló ri æ

5 54 32 45 432 12 ✠ 14 2 232 1 1 1 3
tuæ, quod eſt ſanctum. ℟. Et lau dá bile & glo-

4 545 43 2 232 1 1 143 45 5 45 5 3245 5
ri ó ſum in ſæ cula. BE ne dicant te om nes.

HYMNES.

*Pour l'*ADVENT.

136 32 1 3 5 5 6 6 5
Hym. COnditor alme ſiderum,
5 6 6 5 5 43 2 3
Æterna lux creden tium,
5 4 2 3 4 3 2 1
Chriſte Redemptor omnium,
1 3 4 5 5 43 2 3
Exaudi preces ſup plicum.

Pour NOEL.

111. 1 2 35 54 323 4 3 2
Hym. CHriſte Re demptor omnium,
13 5 6 6 5 671.6 5 6
Ex Patre Patris v nice,
6 5 3 4 32 1 2 3
Solus ante principium
1 2 35 54 323 43 2
Natus in ef fa bi liter.

Pour les ROIS.

222. 2 3 4 56 2 345 43
Hym. HOſtis Hero des im pi e,
5 61. 1. 1.7 65 67 7 7
Chriſtum veni re quid times?
6 62.1. 1.7 65 6 4 32456
Non e ri pit mor ta li a,
2 3 4 56 4 5 43
Qui regna dat cœ leſti a.

Pour le CARESME.

125 2 1 24 43 23 2 1 2
Hym. AVdi be ni gne conditor,
43 45 43 2 3 2 1
Noſtras preces cum fletibus,
1 2 3 4 2 3 4 5
In hoc ſacro jejuni o,
2 25 3 4 2 32 1 2
Fuſas quadragena ri o.

Pour la PASSION.

14t7 4 56 t7 654 5 565 4 32
Hym. VExil la re gis pro de unt,
5 5 6 42 3 42 12
Fulget crucis myſte ri um,
2 2 4 21 4 456 5 54
Quo carne carnis con ditor,
6 5 6 42 3 4 2 12
Suſpenſus eſt patibulo.

Pour le Dimanche des RAMEAVX.

A la Proceſſion.

222. 26t76 5 56 6 54 5 565
Aña. GLo ri a, laus, & honor
43 2 5 5 1 12 45 4 46 6
tibi ſit Rex Chriſte Redemptor, cu i
6 654 5 565 43 24 4 43 2 1 34
pu e ri le decus prompſit Hoſanna
2 32 6 5 6 61. 1.7 65 56 1.7 1.2.
pium. Iſra ël es tu Rex, Da vi dis
1. 1.7 6 5 6 6 6 5 6 61. 1. 1.
& in clyta proles: nomi ne qui in Do-
7 65 56 1.7 1.2. 1.7 6 56 6
mini, Rex be ne di ćte ve nis.

Les LAMENTATIONS *du Proph. Ieremie.*

✠115✠ 1 2 3 4 3 2 2 3 3 3 3 2
Leçon Incipit Lamenta ti o Ieremiæ
1 2 22432121
Prophe tæ.

✠ 3 32121 ✠ 1 2 3 3 3
Aleph. QVomodo ſedet
3 3 3 2 2 54 43 2 3 43 1 2 3
ſola civitas ple na populo: facta eſt
3 3 3 3 3 3 3 3 3 3 3 3
quaſi vidua, domina gentium: prin-
3 2 54 3 23 43 3 3 3 2 1
ceps provinci a rum facta eſt ſub tri-
2 22432121 1 2 3 3 54 2 3 43
bu to ✠ Ieruſalem Ie ruſalem.

Pour le IEVDY SAINT.

Au lavement des pieds.

151. 5 5 6 1. 1. 6 1. 7
Aña. MAndatum novum do vobis;
6 5666 7 6 5 7 1. 7 6 5 67
vt diligatis invicem, ſicut dilexi vos,
54 5 3 3 3 5 61. 1. 1.7 1.2. 1.
di cit Dominus. *Be a ti immacula ti*
✠ 4 4 5665 6 t7 65 65 4 4 4 5
℣. Vbi cha ri tas & amor, De us ibi
5 ✠ 4 4 5665 6 t7 65 65
eſt. ℣. Congrega vit nos in v num
4 4 5 5 ✠ 4 4 56 65 6 t7
Chriſti amor. ℣. Exulte mus, & in
65 65 4 4 5 5 ✠ 4 5 4 56 6
ip ſo jucundemur. ℣. Time amus, &

4 54 21 5 6 5 4 ✣ 4 5
amemus Deum vivum. ℣. Et ex
4 56 6 4 54 21 5 565 424 4
corde di li gamus nos sin ce ro.

Pour le VENDREDY SAINT.

A l'Adoration de la Croix.

1117 P 124 4432 12 2 345 54 3
Verf. O pule me us, quid fe ci
43 2343 1 3 56t76565 4 45 3 45
ti bi ? aut in quo contri stavi
3432 1 343 21 34 2 ✣ 232 1 345
te ? respon de mi hi. ℣. Qui a e-
54 34 2 13 5 56t76565 43 45 3
du xi te de terra Ægyp ti:
13 56t76565 3 45 34543 4 4 565
pa ra sti cru cem Salvato-
4 54 345 1 12 2 3454 3 3
ri tu o. Quid vl tra de bu i ?
✣ 1 23 3 3 3 3 3 3 3 2 3 3
℣. Ego propter te flagellavi Ægyptum
3 3 4 5 4 4 3!21 1 1 23 3
cum primo geni tis su is: & tu me
3 3 3 32 4 2 34 32321 1 23
flagellatum tra didi sti. Ego &c.

HYMNE.

112. C 1 3 56 65 6 1. 1.7 65
Hym. Rux fi de lis, inter omnes
7 1. 2.65 1.7 6 6
Arbor v na no bilis:
6 671.7 6 565 3 21 23 343
Nulla sylva talem profert,
3 36 65 32 4 3 2
Fronde, flo re, germine.
6 671.7 6 565 3 21 23 343
Dulce lignum, dulces clavos,
3 36 65 32 4 3 2
Dulce pondus sustinet.

Sur la sainte Vierge au pied de la Croix.

141. S 4 5 6 5 61. t7 6
Prof. Tabat mater dolo ro sa
6 5 4 3 2 3 !2 1
Iuxta crucem lac hrymosa,
5 5 4 6 !5 4 4
Dum pendebat fi li us.

Pour le SAMEDY SAINT.

A la benediction du Cierge.

252. E 5 61. 1. 7 1. 2. 1.1. 1. 7
Iubil. Xul tet jam An ge lica turba
6 71. 6 5 61. 1. 1. 1.7 6 71.
cœlo rum: exul tent di vina myste-
6 6 2. 1. 7 6 5 4 3 56 6 6 26 6
ri a: & pro tanti Regis victo ri a, tu ba
1. 6 54 56 54 3 3 561. 1. 1. 1. 1. 1.
insonet sa lu taris. Gau de at & tellus.
1.7 65 6 1. 1. 7 76 67 7 7 6
Hæc sunt enim festa Pascha li a, in
1. 1. 1. 1. 7 1. 2. 1. 76 67 7 7
quibus verus il le Agnus oc ci ditur,
6 7 1. 7 7 7 7 7 1. 7 65 56
cujus sanguine postes fide li um con-
7 67 6 61.7 1.7 6 67 7 7
secrantur. O fe lix cul pa, quæ &c.
61.2.1.7 6 7 6 1. 1. 1.
Hæc nox est, in qua primùm
1. 1. 1. 1. 1.7 1. 2. 1. 1. 1. 1. 1.
patres nostros fi li os Isra ël e ductos
1. 76 67 7 2.1.7 65 67 7 7 6
de Ægypto, ma re Rubrum sicco
7 1. 7 7 7 65 56 7 67 6
vestigi o transi re fe ci sti.
1.7 6 5 61. 6 7 6* 2.1.7 65
Hæc i gi tur nox est quæ fu gat
67 7 7 6 1. 7 76 67 7 7 65 56
o dia, concordi am pa rat, & curvat
7 67 6 6 61.2.1.7 1. 1. 1. 1. 1.7 6 7
impe ri a. O vere be a ta nox.

Pour le jour & Octave de PASQUE.

AV SALVT.

2 2 3 1 2 43 2 6, 3 4 3 2
Alleluia, Alle luia, Alleluia.
6.26 O 2 4 5 6 4 543 2
Iubil. Fi li i & fi li æ,
2 4 5 6 4 54 3 2
Rex cælestis, Rex glo riæ,
2 2 3 1 2 43 2 6, 3 4 3 2
Morte surrexit ho di e, Al le lu ia.

Pour le temps de PASQUE.

A VESPRES.

262. A 6 1. 6 1.7 1.2. 1. 7 6
Hym. D cœnam A gni providi,
6 6 6 5 3 4 3 2
Et stolis albis candidi,
3 4 2 5 6 1. 1. 76
Post transitum maris rubri,
1.2. 1. 7 6 7 6 5 5
Chri sto ca namus principi.

*Pour l'*ASCENSION.

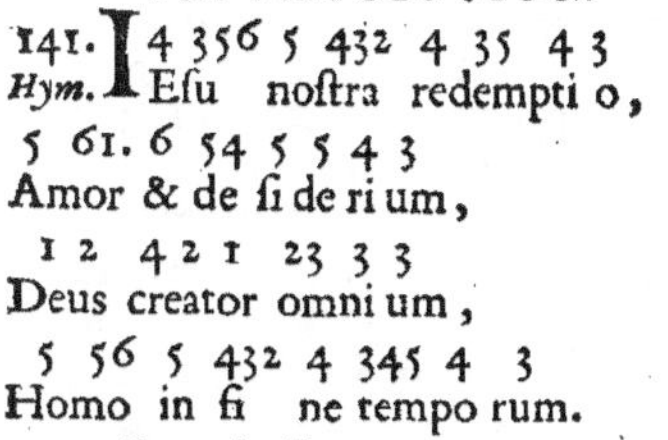

141. 4 356 5 432 4 35 4 3
Hym. JEsu nostra redempti o,
5 61. 6 54 5 5 4 3
Amor & de si de ri um,
1 2 4 2 1 23 3 3
Deus creator omni um,
5 56 5 432 4 345 4 3
Homo in fi ne tempo rum.

Pour la PENTECOSTE.

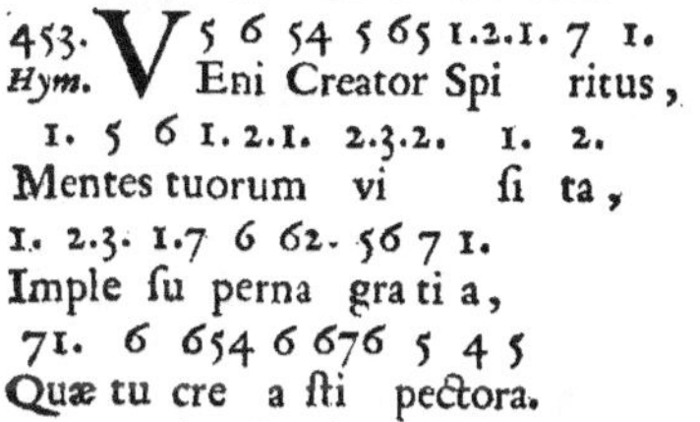

453. 5 6 54 5 65 1.2.1. 7 1.
Hym. VEni Creator Spi ritus,
1. 5 6 1.2.1. 2.3.2. 1. 2.
Mentes tuorum vi si ta,
1. 2.3. 1.7 6 62. 56 7 1.
Imple su perna gra ti a,
71. 6 654 6 676 5 4 5
Quæ tu cre a sti pectora.

A LAUDES.

122. 2 2 4 2 1 4 5 6
Hym. BE a ta nobis gaudi a
65 1. 1.2. 1.7 6 5 6 6
Anni re du xit orbi ta,
2 6!7 6 5 3 43 2 3
Cum Spi ri tus Para clitus
1 3 5 4565 43 2 1 2
Effulsit in discipulos.

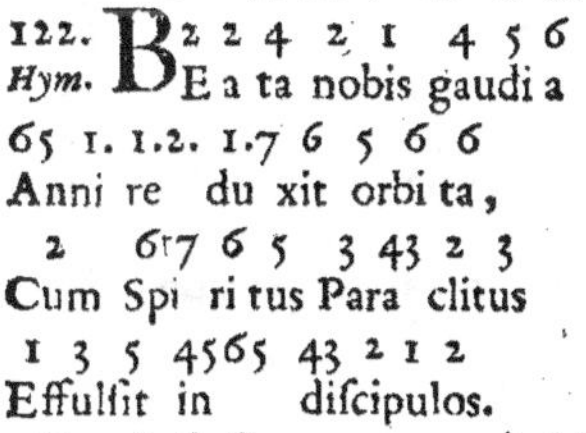

Pour le S. SACREMENT, *à Matines.*

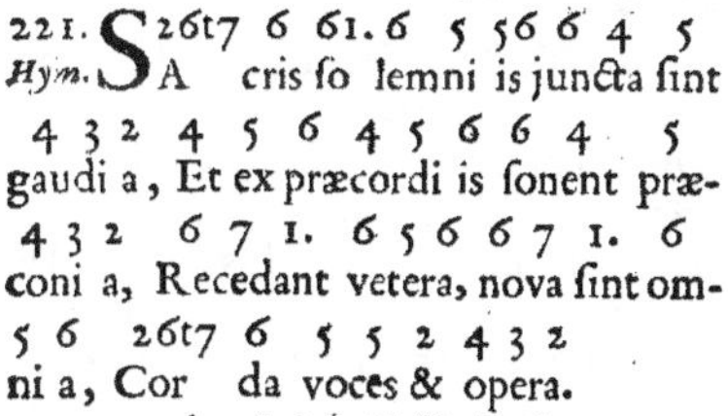

221. 26!7 6 61.6 5 56 6 4 5
Hym. SA cris so lemni is juncta sint
4 3 2 4 5 6 4 5 6 6 4 5
gaudi a, Et ex præcordi is sonent præ-
4 3 2 6 7 1. 6 5 6 6 7 1. 6
coni a, Recedant vetera, nova sint om-
5 6 26!7 6 5 5 2 4 3 2
ni a, Cor da voces & opera.

A LAUDES.

252. 5 561.76 654 65 676 5
Hym. VErbum su pernum pro-
4 5 5 7 1. 2. 1.7 5 6 1.
diens, Nec Patris linquens dexteram,
1. 6 1. 5 56 65 4 5
Ad opus suum e xi ens,
4 65 61. 1.7 65 3 4 5
Venit ad vi tæ vesperam.

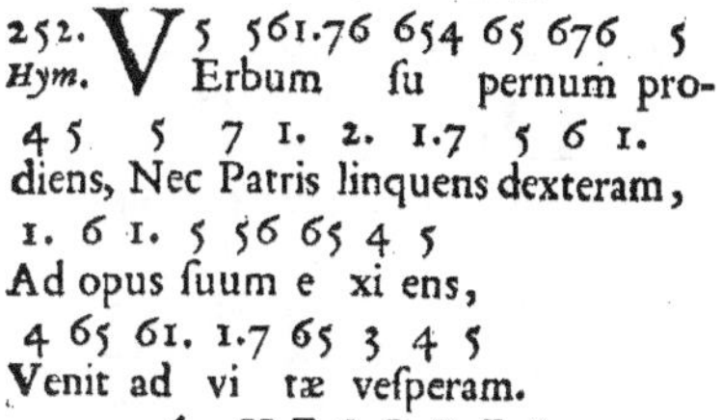

A VESPRES.

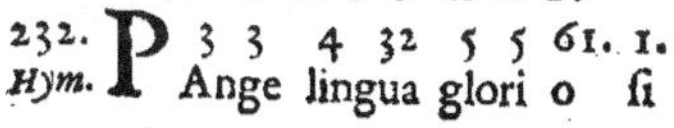

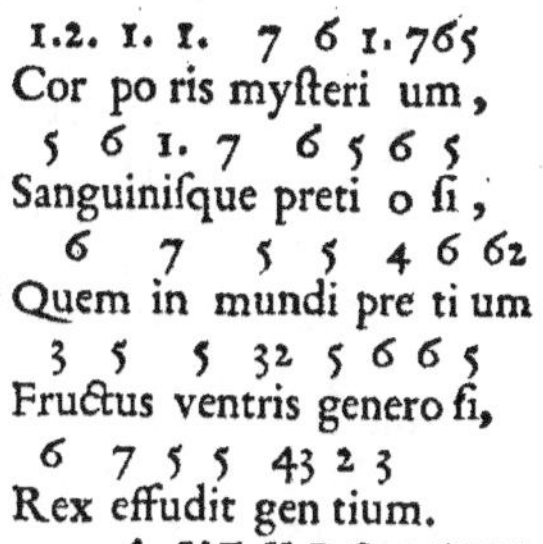

232. 3 3 4 32 5 5 61. 1.
Hym. PAnge lingua glori o si
1.2. 1. 1. 7 6 1.765
Cor po ris mysteri um,
5 6 1. 7 6 5 6 5
Sanguinisque preti o si,
6 7 5 5 4 6 62
Quem in mundi pre ti um
3 5 5 32 5 6 6 5
Fructus ventris genero si,
6 7 5 5 43 2 3
Rex effudit gen tium.

A L'EXPOSITION. *

53.5. 3. 3. !7 1. ?5 6 7 6
Hym. TAntum ergo Sacramentum
1. 2. 3. 3. 3. 2. 3.
Veneremur cernu i
7 7 1. 6 7 2. !1. 7
Et antiquum documentum
7 1. 2. 3. !2. 1. 1.
Novo cedat ri tu i;
3. 3. ?4. 5. 2. 3. !1. 7
Præstet fi des supplementum
1. 2. 3. 1. !7 6 6
Sensuum defectu i.

Dans l'un des plus celebres Monasteres de cette Ville.

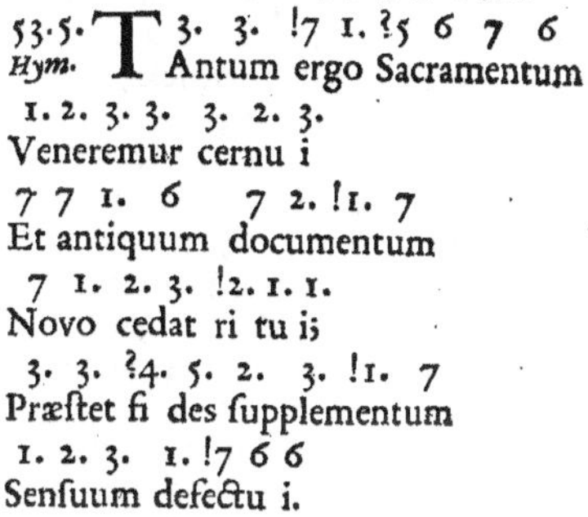

Pendant la BENEDICTION. *

263. 656 3 23 356 5671. 7 1.
Psal. BE ne di cat nos Deus,
53 3565 6 72.1.7 5 6 7 1. 6543
Deus noster, be nedicat nos Deus:
323 671. 7 1. 1.!2. 1. 3.2.7 6 35 6
& me tuant e um om nes fi nes
6!7 6
ter ræ.

Dans un autre, dont la pieté est tres connuë.

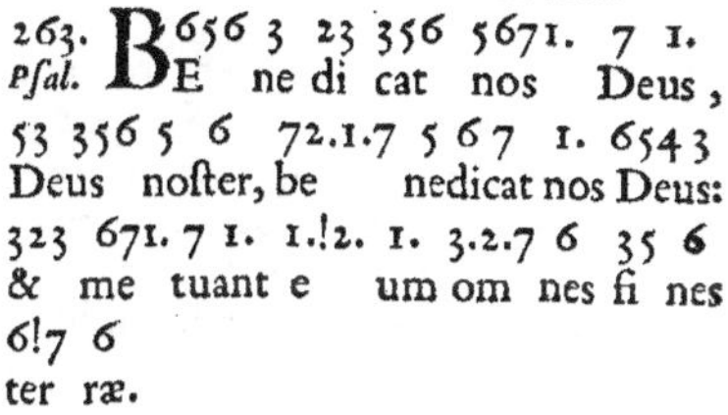

Pour les Festes de la Vierge, à Matines.

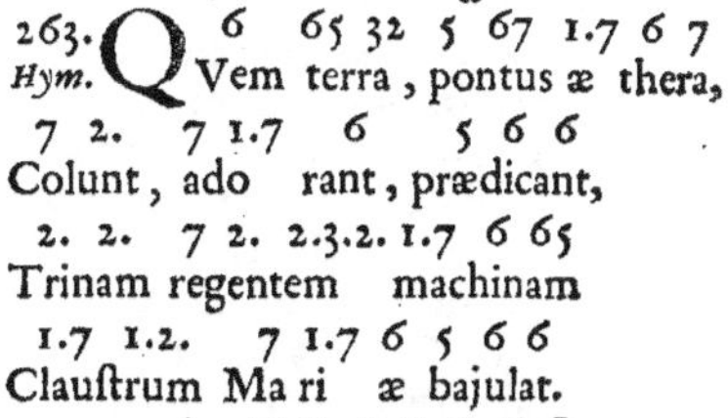

263. 6 65 32 5 67 1.7 6 7
Hym. QVem terra, pontus æ thera,
7 2. 7 1.7 6 5 6 6
Colunt, ado rant, prædicant,
2. 2. 7 2. 2.3.2. 1.7 6 65
Trinam regentem machinam
1.7 1.2. 7 1.7 6 5 6 6
Claustrum Ma ri æ bajulat.

A VESPRES.

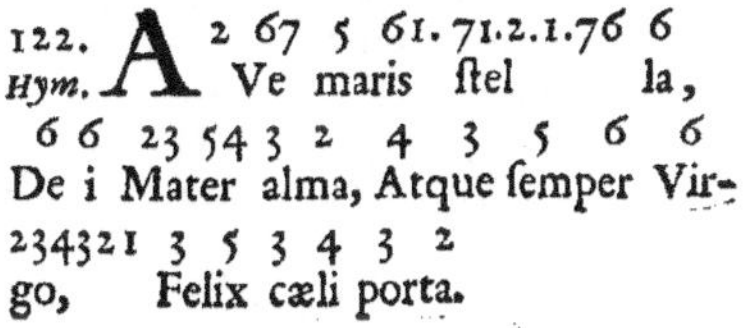

122. 2 67 5 61. 71.2.1.76 6
Hym. AVe maris stel la,
6 6 23 543 2 4 3 5 6 6
De i Mater alma, Atque semper Vir-
234321 3 5 3 4 3 2
go, Felix cæli porta.

Pour S. IEAN-BAPTISTE.

126 2 1 24 43 23 2
Hym. VT que ant la xis re-
1 2 3 4 4 5 5 6 4 5 4
so na re fibris Mi ra ge storum fa-
3 2 3 2 1 4 1 2 4 4 5
mu li tu o rum, Sol ve pol lu ti la-
6 5 4 3 2 4 3 2 1 2
bi i re a tum Sancte Ioannes.

Pour SAINTE MADELEINE.

5,15 1 23 4 32 1 2 1 1
Hym. PAter su perni luminis,
3 5 4 3 5 43 2 1
Cum Magdalenam respicis,
2 3 2 27, 17, 6, 5,
Flammas am oris ex ci tas,
1 23 4 32 1 2 1 1
Ge lu que sol vis pectoris.

Pour S. MICHEL *&* *les* SS. ANGES.

161. 6 5 6 54 3 4 5
Hym. CHriste San cto rum decus
3 4 3 2 2 6 6 5 1. 1. 7.
Angelorum, Rector humani gene-
5 6 54 3 3 5 6 54 3
ris & au ctor; Nobis æ ternum
4 5 3 4 2 1 4 3 5 3 2
tri bu e benignus Scandere cælum.

Pour la Feste de tous les SAINTS.

252. 565 4 61.1.7 5 65
Hym. CHri ste Redemptor om-
4 5 52.3. 2.1. 1.7 6 1. 5 565
ni um, Con serva tu os famu los,
2 3 4 5 4 5 5 6
Be a tæ semper Virginis
1. 1.2. 6 6 5 3 4 5
Pla ca tus san ctis precibus.

Pour les APOSTRES.

231 345 43 23 4 2 24233
Hym. TRi stes e rant Apo stoli,
32 5 6 71. 6 1. 765
De ne ce su i Domini,
1. 5 6 5 35 4 3 2
Quem mor te cru de lissima
6 6 5 43 2 345 4 3
Servi dam na rant im pi i.

Pour plusieurs SS. MARTYRS.

253. 5 6 1.7 5 6 1. 1.
Hym. SAncto rum me ritis in-
5 56 5 4 32 5 6 1. 6 7 1.
clyta gau di a Pangamus so ci i,
1. 7 1. 2 1. 1. 1. 2. 3. 2.
gestaque for ti a : Nam gliscit a-
1. 2. 1. 7 6 7 6 5
ni mus pro me re can ti bus,
5 6 1. 6 7 1. 7 6
Victorum ge nus op ti mum.

Pour les SS. CONFESSEURS.

14t7 4543 2 3 3 2 4
Hym. IS te Confessor Do-
3 2 3 3.2 26 6 6
mi ni sa cratus, Fe sta plebs
56 t765 456 5 4 5 43
cu jus ce le brat per or-
2 2543 2 3 2 1 4 5
bem, Ho di e læ tus meru-
43 21 23 2 24543 2 3 3 2
it se cre ta Scan de re cæli.

Pour le Saintes VIERGES.

14t7 4 3 4 56 5 4 4
Hym- VIrginis pro les, o pi-
3 4 2 1 4 3 4 56
fexque matris, Virgo quem ges-
5 4 6 5 t7 6 5 6 5 4
sit, pepe rit que virgo; Virgi nis
5 3 4 3 3 4 2 1 4
festum canimus trophæum, Ac-
3 4 5 3
ci pe vo tum.

Pour la DEDICACE *d'vne Eglise.*

131. 3 32 4 2 1 2 42 3
Hym. VRbs Ie rusalem be a ta,
2 4 6 5 43 2 3 3 5 6 5
Dicta pacis vi si o, Quæ construi-
61. 5 654 3 2 4 6 5
tur in cæ lis Vivis ex la-
43 2 3 3 32 4 21 2 4
pi dibus, Et An ge lis co ro-
432 3 2 4 6 5 43 2 3
na ta, Vt spon sa ta co mite.

Pour le Commun des SAINTS.

112. 1 43 45 5 56 65 4 5
Hym. DE o Pa tri sit glo ria,
4 65 61. 1.2. 1.7 5 6654
E jus que so li Fi li o,
456 65 4 5 43 23 3 321
Cum Spi ri tu Pa ra cli to,
5 5 61. 1.76 5 3 4 5
Et nunc & in per pe tu um.
56545 5
A men.

PROSES.

Pour L'ADVENT.

I 14. Prose.
MI 4 4 543 4 5 6 5 6 5 4 6 I. t7
Ittit ad Vir gi nem non quemvis An ge lum : sed forti-
6 5 4 4 5 3 43 2 I 5 5 4 432 3 4 ✠ 6 I. I.
tu di nem suum Ar chan ge lum , a mator ho minis. ℣. Na tu ram
t7 6 5 6 4 t7 t76 5 6 6 I. I. t7 6 5 6 4 t7 65 4 3
su peret na tus Rex glo ri æ: regnet & im pe ret , & zyma sco ri æ
5 3 4 432 3 4 ✠ I 2 3 4 3 5 3 4 2 3 2 I
tollat de me di o. ℣. Exi qui mit te ris , hæc dona dissere:
I 2 3 4 3 5 5 6 t7 65 4 3 5 3 4 432 3 4 ✠ 4 I. I.
re ve la veteris ve la men lit te ræ vir tu te nun ti i. ℣. Ac ce de,
2. 7 I. 2. 3. 2. 3. 2. I. 2. 4. 4. 3. 2. I. 2. I. 6 t76 5
nun ti a, dic Ave Do mi nus, dic ple na gra ti a : dic tecum Domi-
4 6 I. 6 t76 5 4 ✠ t7 5 t7 6 t7 5 6 4 5 42 3 4
nus, & dic ne ti me as. ℣. Audit & su sci pit pu el la nun ti um:
6 I. 2. I. t7 6 5 4 3 4 5 6 I. t76 5 6 5 4 ✠ 4 5 6
credit & con ci pit & parit fi li um, sed ad mirabilem. ℣. Natu ra
t7 6 5 6 4 5 42 3 4 6 I. 2. I. t7 6 5 4 3
premitur in par tu vir gi nis : Rex re gum na sci tur vim celans
4 5 6 I. t76 5 6 5 4
numinis, sed rector superum.

Pour le jour de NOEL.

7, II. Prose.
L I 2I 232 2I 4 56 5 4 6 4 5 5 I 2I 232 2I
Æ ta bun dus e xul tet fi de lis cho rus, Al le lu ia.
✠ I23 3 3 32 432 3 3 5 5 32 43 2 3 I 2I 232 2I
℣. An ge lus con si li i, na tus est de Vir gi ne, sol de stel la.
✠ I I7, 6, 5, 5, 6, I2I 7, I I I2 3 32 43 2 3 I 2I 232 2I
℣. Si cut si dus ra di um, pro fert Vir go Fi li um pa ri for ma.
✠ 5 5 6 4 543 2 3 5 3 43 2 I234 3 3 43 2I 232 2I
℣. Ce drus al ta Li ba ni con for ma tur hys so po, val le no stra.
✠ 5 5 6 7 I. 65 4 5 I. 7 6 5 543 2 3 5 3 43 2 I234
℣. I sa i as ce ci nit, sy na go ga me mi nit, nunquam ta men de-
3 3 43 2I 232 2I ✠ 6, I 2 7, 2 I 6, I 2 7, 2 I
fi nit es se cæ ca. ℣. In fe lix pro pe ra, cre de vel ve te ra,
3 5 43 2 I 2 7, 2 I
cur dam na be ris gens mi se ra?

Pour le jour de PASQUES.

6, 2I. Prose.
V 2 I 2 4 5 4 3 2 6 5 4 5 4 3 2 ✠ 6 I.
I ctimæ Pascha li laudes im molent Christi a ni. ℣. Agnus
2. 6 5 6 6 6 5 6 5 4 3 2 4 5 2 3 2 I 3 4 3 2
re de mit o ves, Christus innocens Patri re con ci li a vit pec ca tores.
✠ 6, I 2 4 543 2 I 4 3 2 3 I 2 ✠ 4 6 5
℣. Dic no bis Ma ri a quid vi di sti in vi a. ℣. Se pul chrum
6 4 5 43 2 2 5 4 5 6 5 4 5 43 2 ✠ 6 I.
Christi vi ven tis & glo ri am vi di re sur gen tis. ℣. Sci mus
2. 6 6 5 6 6 6 I. 5 4 3 2 I 3 2 5 6 6
Christum sur re xisse à mor tu is ve re : tu no bis victor Rex
5 4 43 2 I3432 2 3 4 32 2.
mi se re re. A men. ¶ Alle lu ia.

On sçait que le Chant des Proses est distribué par couplets, & que le second Verset de chaque couplet, lequel est chanté par le second Chœur, a ordinairement la mesme modulation, & la mesme quãtité de syllabes que le premier: on s'est donc contenté de marquer ce premier Verset, & on a omis le second, qui n'est que la repetition du mesme chant sous d'autres paroles.

Pour le jour de la PENTECOSTE.

112. V I 2 3 4 32 I 2 4 5 6 t7 654 5 6 I 2
Prose. VEni sanĉte Spiritus, & emit te cæ litus lucis
4 5 432 I 2 ✧ 6 I. 2. 2. I.7 I. 2. I. 6 I.7 5
tu æ ra dium. ℣. Con so la tor op time, dulcis hos pes
43 2 I 5 4 56 5 432 I 2 ✧ 2. 2. I.7 I. 2.I. 7 6
a nimæ, dulce re fri ge rium. ℣. O lux be a tis si ma,
4 2 I 2 4 5 4 5 6t7 6 5 432 I 2 ✧ I. I. 76
re ple cor dis in ti ma tu o rum fi de lium, ℣. La va quod
7 I.7 6 5 6 6 43 4 543 2 3 5 6 5
est sor di dum, ri ga quod est a ri dum, sa na quod est,
I. 7 6 ✧ 2. 2. 5 6 I. 7 6 6 t7 65 6 4 5 4
sau ci um. ℣. Da tu is fi de li bus in te con fi den ti bus
3 5 6 2 4 3 2. 343212 2
sa crum sep te na ri um. A men.

Pour le jour du S. SACREMENT.

125. L 2 5 6 5 I. 7 6 5 6 7 5 3 4 2 34 5 6 7
Prose. LAuda Sion Salva to rem, lauda ducem & pa sto rem, in hym-
6 5 4 5 5 ✧ 7 5 6 5 2. I. 7656 7 7 6 I. 5 3 4 3 2
nis & canti cis. ℣. Laudis thema speci a lis, pa nis vivus & vitalis
6 7 6 5 4 5 5 ✧ 5 2. 3. I. 2. I.76 I. 2. 2. I. 7 6 I.
hodi e pro po ni tur. ℣. Sit laus plena sit so nora sit jucunda, sit
2. 2. 5 6 7 6 5 4 5 5 ✧ 5 4 32 I 5 6 5 4 5 5 5
de cora mentis ju bi la ti o. ℣. Di es e nim solemnis a gitur, in
4 32 I 5 6 5 4 5 5 I. 7 6 5 4 5 5 ✧ 2. I. 2. 2.3.
qua men sæ prima reco li tur hujus in sti tu ti o. ℣. Quod in cœna
5. 4. 3. 2. 5. 4. 3. I. 2. 3. 2. 5 6 7 6 5 4 5 5 2. I.
Christus gessit, fa cien dum hoc ex pressit in su i memoriam. Dogma
2. I. 4. 3. 2. I. I. 2. 4. 3. 2. I. 2. 2. 2. 7 I. 65
datur Chri sti a nis quod in carnem transit pa nis & vinum in
4 5 5 ✧ 2. I. 7I. 65 7 I. 2.3. 2. I. 2. 4. 3. 2. I. 7 6
sanguinem ℣. Sub di ver sis speci e bus, signis tantum & non rebus
I. 2. 5 6 7 6 5 ✧ I. 2.3. 5. 2. 5. 4. 3. 2. 3. 4. 5. 4.
latent res e ximi æ. ℣. A su mente non con ci sus, non confractus,
3. 2. 2. 7 2. 7 I. 65 4 5 5 ✧ 5 2. 2. I, 2. 4. 3.2.I. 2.
non di vi sus, in te ger ac ci pi tur. ℣. Sumunt bo ni, sumunt ma li:
2. 3. I. 6 I. 2. I. 7 5 6 5 6 4 5 5 ✧ I. 7 6 5
sorte ta men in æ qua li, vi tæ, vel in te ri tus. ℣. Fracto de mum
6 4 5 5 5 7 2. 2. 3. I. 2. 2. 2. 3. 2. I. 2. 3. 2. 7
sa cra mento, ne va cil les, sed memento tantum esse sub fragmento
2. 7 I. 65 4 5 5 ✧ 2. I. 2. 7 I. 65 4 5 5 7 2. 2.
quantum to to te gi tur. ℣. Ecce pa nis An ge lorum, factus cibus
3. I. 2. 2. 3. 4. 5. 4. 3. 2. I. 2. 2. 2. 7 I. 65 4 5 5 5 5 6
vi a to rum: ve rè pa nis fi li o rum nonmittendus canibus. Bone pa-
5 7 I. 2.3. 2. 3. 4. 3. 2. 3. I76 I. 2. 5 7 2. 2. 3. I. 2. 2.
stor, panis ve re Ie su nostri mi se re re: tu nos pasce, nos tu e re;
2. 3. I. 6 I. 7 6 5 4 6 I. 2. 5 6 5 5 56545 5
tu nos bona fac vi de re in ter ra viven ti um. A men.
4 5645665 461.761. 5 R: I.2.3.I.2.2. 565465 I.2 7I.65432 567I.765655
Al le lu ia.

ANTIENNES.

ANTIENNES DE LA S. VIERGE.

Pour L'ADVENT.

112. Antien. A 1345 561. 1.7654565 323
ALma

5 5 1 23 432 1 5 671.6 5 45 5432 3
Redemptoris ma ter, quæ per vi a cœ li

123432 3 5123432 21 1. 71.765 45 565432 3
Por ta ma nes, & stel la ma ris,

1 23 3 432 1 5 5 5 4 565 43 21 3 3
succurre caden ti, Surgere qui cu rat po pulo:

1.76561. 1. 71.2. 1.76 545 5 5432 3
tu quæ ge nu isti, Natu ra

4 32 1 1 23 3 23 43 21 2 1 1.7654 5
mirante, tuum sanctum ge ni torem, Vir go

565432 21 5 671. 765 4 5 5 5 5432 3
pri ùs ac po ste ri ùs, Gabri e lis

345 5432 21 1 23 43 21 23 3 5 4 5 123
ab o re Sumens il lud A ve, peccatorum

4 321 2 1
mise rere.

Après la PURIFICATION.

42.4. Antien. A 2.?1. 6 2. 2.?1. 2. 3. 4.3. 2.
Ve Re gi na cœ lo rum,

2.?1. 6 2. 3. 3.4. 1. 2. 2.3. 2. 2. 6
Av e Domi na Ange lo rum: Sal ve

176 5 1. 5 65 4 4.3. 1. 2.?1. 6 2.?1.
ra dix, salve por ta, Ex qua mun do lux

2. 2.3. 3. 6 5 6 4 5 6 65 4 4. 3.
est or ta. Gaude Virgo glo ri o sa, su per

4. 2. 3. 4. 4.3. 2. 2. 1.7 7 3. 2.?1. 2.
omnes spe ci o sa, Vale ô val de de-

1.7 6 6 7 1. 6 4. 3.2. 3. 2.?1. 2.
co ra, Et pro nobis Christum ex o ra.

Pour le tems de PASQUE.

7,16 Antien. R 1 2 1 23 3 4 3243121 323121 1
Egina cæ li læ ta- re,

43 2123 21 1 1 5 565 43 21233 442-
Al le lu ya. Quia quem me ru i sti por-

45121323 121 1 443212321 7,1 1 4 5 654
ta re, Al le lu ya. Resurre-

5 5 1 2 1 44 23551 2 1 5 1 23 432
xit sicut dixit, Al le luya. Ora pro no-

17,1 21 1 1 135655423 543121 24323 121 1
bis Deum, Alle lu ya.

Depuis la TRINITE' *jusqu'à l'*ADVENT.

161. Antien. S 6 5?4 56 43 2 6 5?4 5 6 4
Alve Re gi na, ma ter mise ri-

43 22 43 4 2?1 2 3 4 2 ?1 2 6
cordi æ, vi ta, dulcedo & spes nostra salve. Ad

5?4 56 4 3 3 2 ?1 2 3 4 3 2 6 ?5 6
te clamamus exu les, fi li i Evæ. Ad te sus-

7 1.7 6 6 6t76 5?4 5 56 3 6 5 4
pi ra mus gemen tes, & flentes in hac la-

3 2 ?1 2 3 3 3 4 2 3 4 5 6 ?4 5 5
crymarum valle. Eia ergo advocata no stra, il-

6 t7 6 6 1. t7 6 5 ?4 5 6 3 5 4
los tu os mise ri cordes o culos ad nos con-

3 2 6 61. t76 5 6 5 4 5 6 t7
verte. Et Je sum bene dictum fructum ven-

6 5 6 6 3 43 ?1 2 3 4 53 4 3 2
tris tu i nobis post hoc e xi li um ostende.

6?56 54 3 61.76 ?56 356 23 ?1 35 3 4 432
O clemens, O pi a, O dulcis virgo Ma ri a.

AUTRE *à la devotion.*

5,1 2. Antien. H 1231234 321 2 1 2 3 3 5
Æc est præclarum vas par a-

6 5 5 3 1 23 3 3 56 6 1.6 5 6543
cle ti Spiritus sancti; Hæc est glori o sa civitas

23 3 3 1 21 7, 6,5, 1 21 1 1 5 65?4
De i; Hæc est muli er vir tu tis, quæ contri-

5 1. 7 5 1.656 5 1. 765 6 5 345
vit caput Serpen tis; Hæc est sole specio-

5 5 6 3 43!2 1 1 1 35 65 1.76 55
sior, luna pul chrior, aurora ruti lan tior,

5 3 1 23432 11 1 2 432 34 5 5
stellis præcla rior: Hanc pecca to res, de-

6 1. 1.7 65 6 5 1. 6 5 3 1 2 43 3
vote a de amus, re a pectora tun da mus

572.7532 5 65 5 1. 765 6 5 34564543 2
di centes, sancta, sancta, san-

3 5 6 7 1.7 5 3 4 5 65!4 3 3
cta Ma ri a cle mens & pi a, Do mi na

3116,5,1!2 1 1 3 5 3 43235 5 5 5
no stra, fac nos tu is pre cibus con-

7 1. 1. 6 5 6535432123 43!2 1 1 1 3 5
sortes cæ lestis glo riæ; Audi i os

323 4321 1 1. 5 654 5 4 3 2 5 5
Ma ri a, nam te Filius nihil negans hono-

!3 1 3 5 323 432 1 1 5 6 5 4
rat. Salva nos, Mes si a Je su, pro quibus

5 4 3 2 5 5 !3 1 6,5,6,1 12343 !21 1
virgo Mater te orat. Al le lu ya.

* L'AVE & le SALVE sont tirez du Plein-Chant de M. NIVER, Organiste de S. Sulpice, à qui l'on donne pour caractere la facilité & la douceur. La sixiéme Messe en vient aussi.

PRIERE POUR LE ROY.

135 Psal. E 3 3 3 3 3 3 3 3 3 3 3 3 3 5 4 !3 2 : 2 2 2 2
Xaudiat te Dominus in di e tribulati onis: protegat te

3 4 3 !2 1 1 * 3 3 3 3 3 5 4 4 4 !3 2 : 2 2 2 3
nomen De i Iacob. ℣. Mittat tibi auxili um de sancto: & de Si on

CONCLUSION.

B 1. 7 5 6 5 345 5432321 12343 2 21
Enedicamus Do mino.

OCTAVE DE MESSES.*

* *En PLEIN CHANT MUSICAL, pour les principales Festes de l'année. Par de celebres Maistres de Paris.*

L'(l) qu'on y voit si frequente, qui est un embarras qu'on n'a pû icy éviter, veut dire legerement; Elle ne doit pas neanmoins bannir la gravité de ce Chant, autrement elle le banniroit de l'Eglise : On peut danser & danser gravement, on peut chanter Musique & chanter de mesme.

* Du 1. Ton *De la composition de M.* DU MONT, *Maistre de la Musique de la Chapelle du Roy.*

On n'aura pas plûtost des caracteres propres, qu'on espere donner au Public, avec la permission de ce rare & excellent homme, quelques-uns des ouvrages pieux qu'il a mis en Musique.

* *Et l'on ne refusera aucun de ceux qui auront composé quelques belles*

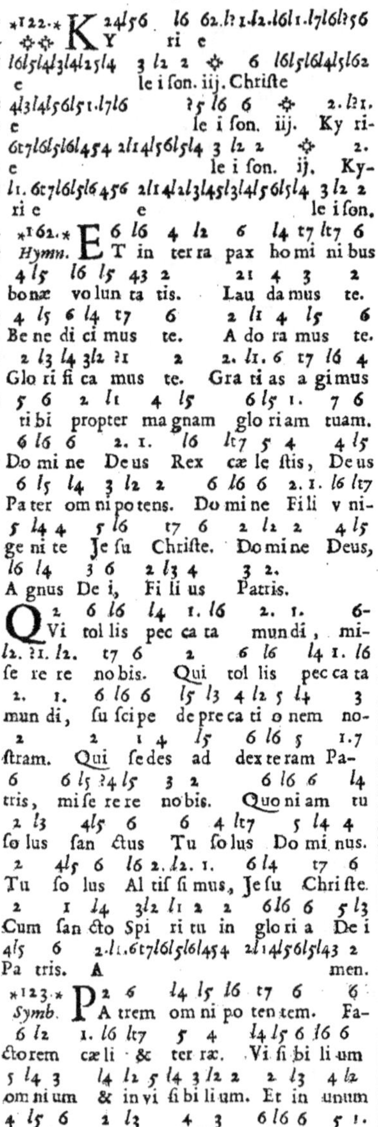

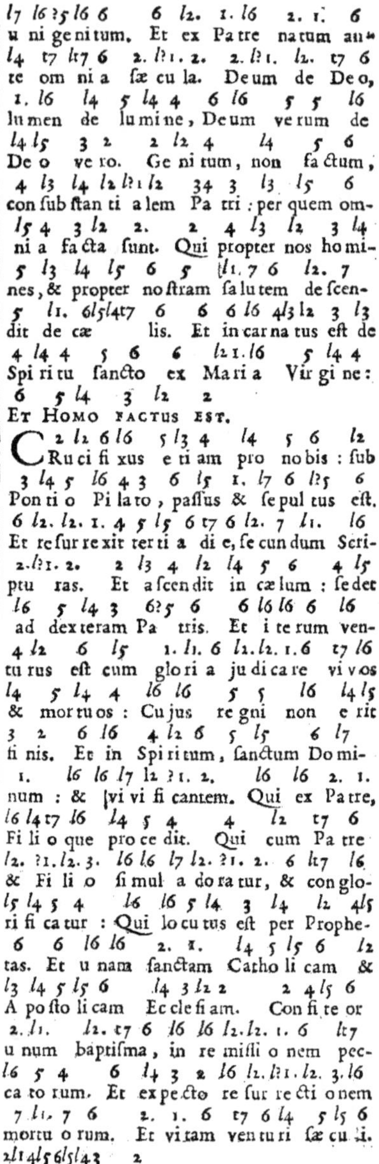

PREMIERE MESSE.*

122. ✣✣ K 2l4l5 6 l6 6 2.l? 1.l2.l6l1.l7l6l?5 6
Y ri e
l6l5l4l3l4l2 5l4 3 l2 2 ✣ 6 l6l5l6l4l5l6 2
e le i son. iij. Christe
4l3l4l5 6l5 1.l7l6 ?5 l6 6 ✣ 2.l?1.
e le i son. iij. Ky ri-
6 t7l6l5l6l4 5 4 2l1 4l5 6l5l4 3 l2 2 ✣ 2.
e le i son. ij. Ky-
l1. 6 t7l6l5l6 4 5 6 2l1 4l2l3l4 5l3l4l5 6l5l4 3 l2 2
ri e e le i son.

162. *Hymn.* E 6 l6 4 l2 6 l4 t7 lt7 6
T in ter ra pax ho mi ni bus
4 l5 l6 l5 4 3 2 2 1 4 3 2
bonæ vo lun ta tis. Lau da mus te.
4 l5 6 l4 t7 6 2 l1 4 l5 6
Be ne di ci mus te. A do ra mus te.
2 l3 l4 3 l2 ?1 2 2. l1. 6 t7 l6 4
Glo ri fi ca mus te. Gra ti as a gimus
5 6 2 l1 4 l5 6 l5 1. 7 6
ti bi propter ma gnam glo riam tuam.
6 l6 6 2. 1. l6 lt7 5 4 4 l5
Do mi ne De us Rex cæ le stis, De us
6 l5 l4 3 l2 2 6 l6 6 2. 1. l6 lt7
Pa ter om ni po tens. Do mi ne Fi li v ni-
5 l4 4 5 l6 t7 6 2 l2 2 4 l5
ge ni te Je su Chri ste. Do mi ne Deus,
l6 l4 3 6 2 l3 4 3 2.
A gnus De i, Fi li us Patris.

Q 2 6 l6 l4 1. l6 2. 1. 6-
Vi tol lis pec ca ta mun di, mi-
l2. ?1. l2. t7 6 2 6 l6 l4 1. l6
se re re no bis. Qui tol lis pec ca ta
2. 1. 6 l6 6 l5 l3 4 l2 5 l4 3
mun di, su sci pe de pre ca ti o nem no-
2 2 1 4 l5 6 l6 5 1.7
stram. Qui se des ad dex te ram Pa-
6 6 l5 ?4 l5 3 2 6 l6 6 l4
tris, mi se re re no bis. Quo ni am tu
2 l3 4l5 6 6 4 lt7 5 l4 4
so lus san ctus Tu so lus Do mi nus.
2 4l5 6 l6 2. l2. 1. 6 l4 t7 6
Tu so lus Al tis si mus, Je su Chri ste.
2 1 l4 3l2 l1 2 2 6l6 6 5 l3
Cum san cto Spi ri tu in glo ri a De i
4l5 6 2.l1. 6 t7l6l5l6l4 5 4 2l1 4l5 6l5l4 3 2
Pa tris. A men.

123. *Symb.* P 2 6 l4 l5 l6 t7 6 6
A trem om ni po ten tem. Fa-
6 l2 1. l6 lt7 5 4 l4 l5 6 l6 6
ctorem cæ li & ter ræ. Vi si bi li um
5 l4 3 l4 l2 5 l4 3 l2 2 2 l3 4 l2
om ni um & in vi si bi li um. Et in unum
4 l5 6 2 l3 4 3 6 l6 6 5 1.
Do mi num Jesum Christum Fi li um De i
l7 l6 ?5 l6 6 6 l2. 1. l6 2. 1. 6
u ni ge ni tum. Et ex Pa tre na tum an-
l4 t7 lt7 6 2. l?1. 2. 2. l?1. l2. t7 6
te om ni a sæ cu la. De um de De o,
1. l6 l4 5 l4 4 6 l6 5 5 l6
lu men de lu mi ne, De um ve rum de
l4 l5 3 2 2 l2 4 l4 5 6
De o ve ro. Ge ni tum, non fa ctum,
4 l3 l4 l2 l?1 l2 3 4 3 l3 l5 6
con sub stan ti a lem Pa tri : per quem om-
l5 4 3 l2 2. 2 4 l3 l2 3 l4
ni a fa cta sunt. Qui propter nos ho mi-
5 l3 l4 l5 6 5 l1. 7 6 l2. 7
nes, & propter no stram sa lu tem de scen-
5 l1. 6l5l4 t7 6 6 6 l6 4l3 l2 3 l3
dit de cæ lis. Et in car na tus est de
4 l4 4 5 6 6 l2 1. l6 5 l4 4
Spi ri tu san cto ex Ma ri a Vir gi ne:
6 5 l4 3 l2 2

ET HOMO FACTUS EST.

C 2 l2 6 l6 5 l3 4 l4 5 6 l2
Ru ci fi xus e ti am pro no bis : sub
3 l4 5 l6 4 3 6 l5 1. l7 6 l?5 6
Pon ti o Pi la to, pas sus & se pul tus est.
6 l2. l2. 1. 4 5 l5 6 t7 6 l2. 7 l1. l6
Et re sur re xit ter ti a di e, se cun dum Scri-
2.l?1. 2. 2 l3 4 l2 l4 5 6 4 l5
ptu ras. Et a scen dit in cæ lum : se det
l6 5 l4 3 6?5 6 6 l6 l6 6 l6
ad dex te ram Pa tris. Et i te rum ven-
4 l2 6 l5 1. l1. 6 l2. l2. 1. 6 t7 l6
tu rus est cum glo ri a ju di ca re vi vos
l4 5 l4 4 l6 l6 5 5 l6 l4 l5
& mor tu os : Cu jus re gni non e rit
3 2 6 l6 4 l2 6 5 l5 6 l7
fi nis. Et in Spi ri tum, san ctum Do mi-
1. l6 l6 l7 l2 ?1. 2. l6 l6 2. 1.
num : & vi vi fi cantem. Qui ex Pa tre,
l6 l4 t7 l6 l4 5 4 4 l2 t7 6
Fi li o que pro ce dit. Qui cum Pa tre
l2. ?1. l2. 3. l6 l6 l7 l2. ?1. 2. 6 lt7 l6
& Fi li o si mul a do ra tur, & con glo-
l5 l4 5 4 l6 l6 5 l4 3 l4 l2 4l5
ri fi ca tur : Qui lo cu tus est per Prophe-
6 6 l6 l6 2. 1. l4 5 l5 6 l2
tas. Et u nam san ctam Catho li cam &
l3 l4 5 l5 6 l4 3 l2 2 2 4 l5 6
A po sto li cam Ec cle si am. Con fi te or
2. l1. l2. t7 6 l6 l6 l2. l2. 1. 6 lt7
u num baptisma, in re mis si o nem pec-
l6 5 4 6 l4 3 2 l6 l2. l?1. l2. 3. l6
ca to rum. Et ex pe cto re sur re cti o nem
7 l1. 7 6 2. 1. 6 t7 6 l4 5 l5 6
mortu o rum. Et vi tam ven tu ri sæ cu li.
2l1 4l5 6l5l4 3 2
A men.

122. S2l4l5l6t7 6 2.l1.6t7l6l5l6l45 6
Hymn. San ctus, San ctus,
2l1l4l5 6l5l43 2 6 l6 6 5 l4 t7 l6 6
San ctus Dominus Deus Sabaoth.
2. l1. l6 t7 l6 l4 5 4 1. 6 2. ?1. 2
Pleni sunt cæli & ter ra glo ri a tu â:
6 t7 6 l5 l4 3 2 6 l6 6 l2 l3
Ho san na in ex cel sis. Be ne di ctus qui
4 3 l3 4 l4 4 5 l5 6 2 3 4
venit in nomine Do mi ni: Ho san na
l5 l4 3 2
in ex cel sis.

122. A2 6 4 5 6 6 2. 1. l6
Gnus De i, qui tol lis pec-
t7 l6 2. 1. 4 l5 6 l5 l43 2
ca ta mun di, mi se re re no bis. ij.
2. l?1. 2. 6 l2. 7 l1. l6 ?5 l6 1.7
A gnus De i, qui tol lis pec ca ta mun-
6 6 l5 ?4 l5 l3 2
di, do na no bis pa cem.

SECONDE MESSE. *

6,2t7. K2l1l6,12 l2 2 4l3l4l5l6l5l4
Y ri e e
3 l2 2 6 l4l3l4l2l5l343
le i son. iij. Chri ste
6,l2l?1l2l3l4 3 l2 2 2l4l5 6
e le i son. iij. Ky-
l6 l6t7l6l456 2l1l4l3l4l2 3 l2 2
ri e e le i son. ij.
2l4l5 6 l6 l6t7l6l456 2l1l4l3l4l2 3
Ky ri e e le-
l2 2
i son. j. *Idem.*

6,2t7. E2 l2 1 l6, 2 l3 4 l3 3
Hymn. T in ter ra pax ho mi ni bus
4 l5 l6 l2 43 2 6, 12 43 2
bonæ vo lun ta tis. Lau da mus te.
2 l3 4 l2 45 6 6 l2 43 l2 2 2
Be ne di ci mus te. A do ra mus te. Glo-
4 l3 4 l5 6 l6 6 5 l5 5 4 3
ri fi ca mus te. Gra ti as a gi mus ti bi
4 l5 6 4 t7 l t7 6 5 4 6
propter magnam glo ri am tu am. Do-
l6 6 5 3 4 l2 45 6 4 l3 4-
mi ne De us Rex cæ le stis, De us Pa-
l2 l5 3 l2 2 6 l6 6 5 3 l4 l2 4
ter omni po tens. Do mi ne Fi li u ni ge-
l5 6 5 l6 t7 6 2 l2 2 1 6,
ni te Iesu Chri ste. Do mi ne De us,
2 l3 4 3 4 l4 56 5 4 6 4
Agnus De i, Fi li us Pa tris. Qui tol-
2 l5 3 l4 5 1 4 l5 6 l t7 5 4
lis pec ca ta mun di, mi se re re no bis.
6 4 2 l5 3 l4 5 1 4 l4 4
Qui tol lis pec ca ta mun di, su sci pe
l4 l5 6 l2 3 l4 3 2 2 4 3
de pre ca ti o nem no stram. Qui se des
l6 4 l4 4 5 6 2 l3 4 l5 3 2
ad dex te ram Pa tris, mi se re re no bis.
4 l4 4 l4 5 6 5 4 6 l t7
Quo ni am tu so lus san ctus Tu so-
l6 5 l4 4 6 4 2 l5 4 l3 3
lus Do mi nus. Tu so lus Al tis si mus
4 l2 4 l5 6 2 1 l6, 2 l3 4
Ie su Chri ste. Cum san cto Spi ri tu,
l4 5 l5 5 6 l2 43 2 6, 1l2l1l4l3l4l2 3 2
in glo ri a De i Pa tris. A men.

6,6t7. P6t7 6 l4 2 l3 45 6 l6
Symb. A trem om ni po ten tem. Fa-
4 2 5 l1 l2 t7, 6, l2 l?1 2 l3 4
cto rem cæ li & ter ræ. Vi si bi li um
3 l4 5 l4 l3 l4 l2 3 l2 2 4 l5 6
om ni um, & in vi si bi li um. Et in u-
l t7 l6 l4 l5 6 2 l3 4 3 6
num Do minum Je sum Chri stum, Fi-
l6 6 5 3 l4 l2 3 l2 2 2 l3 4 l2
li um De i u ni ge ni tum. Et ex Pa tre
45 6 4 l4 t7 l t7 6 5 l4 4 5 5
na tum an te om ni a sæ cu la. De um
l6 4 3 4 l5 l6 ?5 l6 6 ?4 l4
de De o, lu men de lu mi ne, De um
5 3 l4 l2 l2 3 2 6 l6 6 l2
ve rum, de De o ve ro. Ge ni tum, non
4 3 4 l2 5 l1 1 l2 t7, 6, 2 l1
fa ctum, con sub stan ti a lem Pa tri: per quem
4 l4 4 3 l2 2 2 4 3 l6 ?4
om ni a fa cta sunt. Qui pro pter nos ho-
l4 5 l3 l4 l2 ?1 l2 l3 4 3 l4
mi nes, & pro pter no stram sa lu tem de-
5 1 l2 43 2 2 4 l4 5 l5 6 4
scen dit de cæ lis. Et in car na tus est de
t7 l t7 6 5 4 5 l5 5 l6 4 l3 3
Spi ri tu san cto, ex Ma ri a, Vir gi ne.
6 5 4 3 l2 2
ET HOMO FACTUS EST.

C6 l6 t7 6 2 l2 2 l3 4 3 l4
Ru ci fi xus e ti am pro no bis sub
5 l5 5 l6 5 4 5 1 l1 l2 t7, l6, 6,
Pon ti o Pi la to: pas sus & se pul tus est.
6 l6 l6 5 3 4 l4 4 5 6 l4 t7 l6
Et re sur re xit ter ti a di e, se cun dum
l4 5 4 6 l6 t7 l6 l4 1. 6 6 l6
scri ptu ras. Et a scen dit in cæ lum: se det
l6 5 l5 5 4 3 l6 4 l4 4 l3
ad dex te ram Pa tris. Et i te rum ven-
4 l5 6 2 6 l6 6 5 l6 t7 6 4 5
tu rus est cum glo ri a ju di ca re vi vos
l6 l4 l3 l2 ?1 l3 l3 4 5 l6 l4 l5 3
& mor tu os. Cu jus re gni non e rit fi-
2 2 l3 4 l4 4 5 l6 4 l3 3
nis. Et in spi ri tum san ctum Do mi num,
6 l6 l5 l6 4 2 3 l4 5 5 l5 l3 6
& vi vi fi can tem. Qui ex Pa tre Fi li o-

Pieces dans ce genre, qu'ils voudront bien consacrer à la satisfaction & à la pieté publique.

On tâchera qu'il y ait la mesme difference entre celles dont on se sera chargé, & ce que l'on voit icy, qu'il y a entre un Essay grossier & un Ouvrage parfait, entre un Tableau qui n'est qu'ébauché & le mesme, ou un autre auquel on a mis la derniere main.

* Du 2. Ton. M. du Mont.

l5 l4 3 2 2 l3 4 2 l6
que pro ce dit. Qui cum Patre &
t7l66 5 l5 l5 l6 4 l3 l3 l4 l4 l5 l6 5
Fi li o, simul a do ra tur, & conglo ri fi ca-
4 3 l4 5 l5 5 1 l2 t7, 6,
tur : Qui lo cu tus est per Pro phe tas.
l6, 1 l1 2l3 4 l2 3 l4 5 l3 l4 l5
Et u nam sanctam Ca tho li cam, & A po-
6 l6 6 l4 3 l2 2 l6 4 l4 4 5 l6
stoli cam Ec cle si am. Con fi te or u num
lt7 5 4 5 l5 l5 l6 t7 6 l6 l4 3
Bap tis ma, in re mis si o nem pec ca to-
2 2 l6 45 6 4 l4 1. l1. t7 6
rum. Et ex pe cto re sur re cti o nem
l5 l4 5 4 6 4 2 l3 4 l4 5 l6
mortu o rum. Et vitam ven tu ri sæ cu-
6 2l3l4l25l4l34l56l243 2
li. A men.
6,2t7 S 2l4l3l4l24l5 6 6l4l3l4l2l5l34
Hymn. SAn ctus. San-

3 6,2?1l2l343 2 4 l4 4 5 l6
ctus. San ctus. Do mi nus Deus
5 l4 4 6 l6 l6 t7 6 l6 4 2
Sa ba oth. Ple ni sunt cæ li, & ter ra
4 l4 3 4l56 ?4 5 3 l4 l2 3 2 2
glo ria tu a : Hosanna in excelsis. Be-
l2 4 3 l4 5 1 l4 3 l3 4 5 l4 4
ne di ctus qui ve nit in no mi ne Domini:
6 5 3 l4 l2 43 2
Ho san na in ex cel sis.
6,66 A 6 l2 4 3 l6 4 2 l5
✣✣ AGnus Dei, qui tol lis pec-
3 l4 5 4 5 l3 6 l4 3 2 ✣
ca ta mun di, mi se re re no bis. *ij.*
2 l3 4 3 l4 5 l1 l4 2 l1 t7, 6,
Agnus Dei qui tol lis pec ca ta mundi,
2 l3 4 l5 3 2
do na no bis pa cem.

✣✣

TROISIEME MESSE. *

* Du 4. Ton.
M. du Mont.

132 K 356 l6 l6l51 l7l676 1.l7l6l5l35
✣✣ KY ri e e
4l3 l2 3 ✣
le i son. *i.* & *ij.*
6 6l53l5l4l3l2l31 5l61.l76 35l6 6 ✣
Chri ste e le i son 4. & 5.
3 3l2l3l15l61. 1.l7l563l5l6 7 l6 6 ✣
Chri ste e le i son 6.
3l2 l1 5l61. 1.l7l1.6l2.l1 7 l6 6 ✣
Ky ri e e le i son. 3. & 7.
356 l6 l6l51.l7l676 1.l7l56l3l54l3l231l3l5
Ky ri e e
4l3 l2 3 ✣
le i son. 8. & 9.
133 E 3 l3 2 l1 5 l5 6 l7 1.
ET in terra pax homi ni bus
5 l5 l6 l5 4 3 3 56 51. 76
bo næ vo lun ta tis. Lau da mus te.
2 l5 6 l5 1.7 6 3 l1l2 l3l5 4l3l2 3
Be ne di ci mus te. A do ra mus te.
3 l1 l2 35 4l3l2 3 3 l5 6 l6 l5
Glo ri fi ca mus te. Gra ti as a gi-
1. l7l1. 6 l1. l7 6 5 3 l4 5
mus ti bi, propter magnam glo ri am
2l34 3 3 l3 3 2 1 5 l5 6l7 1.
tu am. Do mi ne De us Rex cæ le stis,
l7 l1. 2. 5 l6 1.7 l6 6 3 l3 3
De us Pa ter om ni po tens. Do mi ne
2 1 l5 l5 6 l7 1. 7l1.2.5 l6l1. 76
Fi li u ni ge ni te, Je su Chri ste.
6 l6 6 5 3 l4 l3 2 1 1 l2 35
Domi ne De us, Agnus Dei, Fi li us
4l3l2 3 3 56 6 l1. 7 l5 l6l1. 7
Pa tris. Qui tol lis pec ca ta mun di,
1. l2. 3. l6 1.7 6 3 56 6 l1. 7 l5
mi se re re no bis. Qui tol lis pec ca ta

l6l1. 7 1. l2. 3. l6 l7 l1. l6 5 l3 4 3
mundi, su sci pe de pre ca ti o nem nostrã.
1 3l4 5 l5 2 l2 3 4 3 1
Qui se des ad dex te ram Pa tris, mi-
l2 3 l5 4l3l2 3 3 l3 3 l5 6 l1.
se re re no bis. Quo ni am tu so lus
7l6l?5 6 6 5 3 4l3 l2 3 3
san ctus. Tu so lus Do mi nus. Tu
2 1 l5 6 l7 1. 1.l7 l5 l6l1. 76
so lus Al tis si mus, Je su Chri ste.
3 3 l3 2 l1 1 l5 6 l7 1. 1. 5
Cum san cto Spi ri tu, in glo ri a De i
6l5l34 3 365 1.l7l56l5l34l3l2 3
Pa tris. A men.
112 P 1 5 3 l4 l5 6 5 5
Symb. PA trem om ni po ten tem. Fa-
l6 l7 1.l7 l1. 6 5 l5 l5 5 l4 3 1
cto rem cæ li & ter ræ. Vi si bi li um om-
l1 4 l3 l2 l3 l1 2 l1 1 1 l1 1 l2
ni um, & in vi si bi li um. Et in u num
3 l4 5 5 l6 5l4 3 5 l5 5
Do mi num Je sum Chri stum, Fi li um
5 1 l4 l3 2 l1 1 5 l1. 7 l5 6l7
De i u ni ge ni tum. Et ex Patre na-
1. 6 l2. 7 l7 1. 6 l5 5 5 l5 l5
tum an te om ni a sæ cu la. De um de
5 3 1 l2 l3 4 l4 3 1 l1 4
De o, lu men de lu mi ne, De um ve-
2 l3l4l5 l4 l3 2 1 1 l1 1 l2
rum de De o ve ro. Ge ni tum, non
3 2 3 l4 5 l1 2 l3 4 3 1
fa ctum, con sub stan ti a lem Pa tri : per
l1 2 l2 3 2 l1 1 l1 5 l5
quem om ni a fa cta sunt. Qui propter
l5 6 l7 1. 3 l4 l5 6 l2 l5
nos ho mi nes, & propter nostram sa-

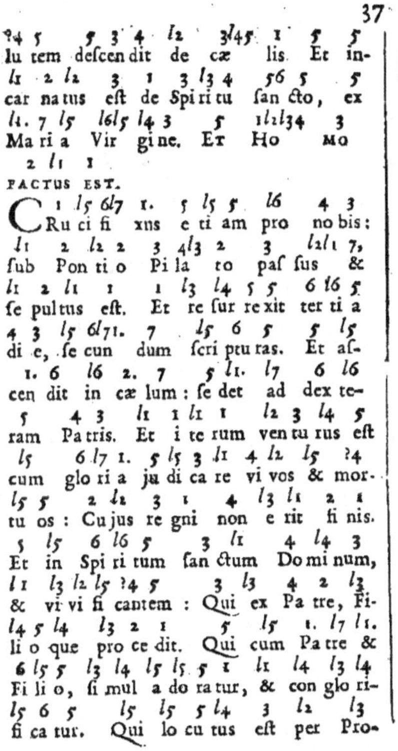

?4 5 5 3 4 l2 3l45 1 5 5
lu tem descen dit de cæ lis. Et in-
l1 2 l2 3 1 3 l3 4 56 5 5
car na tus est de Spi ri tu san cto, ex
l1. 7 l5 l6l5 l4 3 5 1l1l34 3
Ma ri a Vir gi ne. Et Ho mo
2 l1 1
FACTUS EST.

C 1 l5 6l7 1. 5 l5 5 l6 4 3
CRu ci fi xus e ti am pro no bis:
l1 2 l2 2 3 4l3 2 3 l2l1 7,
sub Pon ti o Pi la to pas sus &
l1 2 l1 1 1 l3 l4 5 5 6 l6 5
se pul tus est. Et re sur re xit ter ti a
4 3 l5 6l71. 7 l5 6 5 5 l5
di e, se cun dum scri ptu ras. Et as-
1. 6 l6 2. 7 5 l1. l7 6 l6
cen dit in cæ lum: se det ad dex te-
5 4 3 l1 1 l1 1 l2 3 l4 5
ram Pa tris. Et i te rum ven tu rus est
l5 6 l7 1. 5 l5 3 l1 4 l2 l5 ?4
cum glo ri a ju di ca re vi vos & mor-
l5 5 2 l2 3 1 4 l3 l1 2 1
tu os: Cu jus re gni non e rit fi nis.
5 l5 6 l6 5 3 l1 4 l4 3
Et in Spi ri tum san ctum Do mi num,
l1 l3 l2 l5 ?4 5 3 l3 4 2 l3
& vi vi fi cantem: Qui ex Pa tre, Fi-
l4 5 l4 l3 2 1 5 l5 1. l7 l1.
li o que pro ce dit. Qui cum Pa tre &
6 l5 5 l3 l4 l5 l5 5 1 l1 l4 l3 l4
Fi li o, si mul a do ra tur, & con glo ri-
l5 6 5 l5 l5 5 l4 3 l2 l3
fi ca tur. Qui lo cu tus est per Pro-

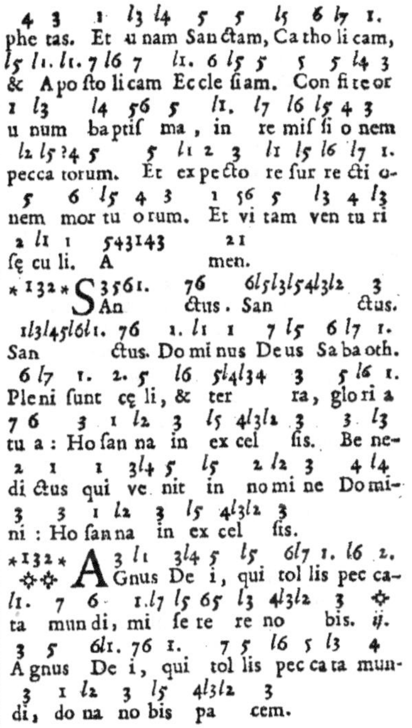

4 3 1 l3 l4 5 5 l5 6 l7 1.
phe tas. Et u nam San ctam, Ca tho li cam,
l5 l1. l1. 7 l6 7 l1. 6 l5 5 5 5 l4 3
& A po sto li cam Ec cle si am. Con fi te or
1 l3 l4 56 5 l1. l7 l6 l5 4 3
u num ba ptis ma, in re mis si o nem
l2 l5 ?4 5 5 l1 2 3 l1 l5 l6 l7 1.
pecca torum. Et ex pe cto re sur re cti o-
5 6 l5 4 3 1 56 5 l3 4 l3
nem mor tu o rum. Et vi tam ven tu ri
2 l1 1 543143 21
sæ cu li. A men.

* 132 * S 3561. 76 6l5l3l54l3l2 3
SAn ctus. San ctus.
1l3l45l6l1. 76 1. l1 1 7 l5 6 l7 1.
San ctus. Do mi nus De us Sa ba oth.
6 l7 1. 2. 5 l6 5l4l34 3 5 l6 1.
Ple ni sunt cæ li, & ter ra, glo ri a
7 6 3 1 l2 3 l5 4l3l2 3 3. l3
tu a: Ho san na in ex cel sis. Be ne-
2 1 1 3l4 5 l5 2 l2 3 4 l4
di ctus qui ve nit in no mi ne Do mi-
3 3 1 l2 3 l5 4l3l2 3
ni: Ho san na in ex cel sis.

* 132 * A 3 l1 3l4 5 l5 6l7 1. l6 2.
AGnus De i, qui tol lis pec ca-
l1. 7 6 1. l7 l5 65 l3 4l3l2 3
ta mun di, mi se re re no bis. ij.
3 5 6l1. 76 1. 7 5 l6 5 l3 4
Agnus De i, qui tol lis pec ca ta mun-
3 1 l2 3 l5 4l3l2 3
di, do na no bis pa cem.

QUATRIEME MESSE.*

* Du 5. Ton. M. du Mont.

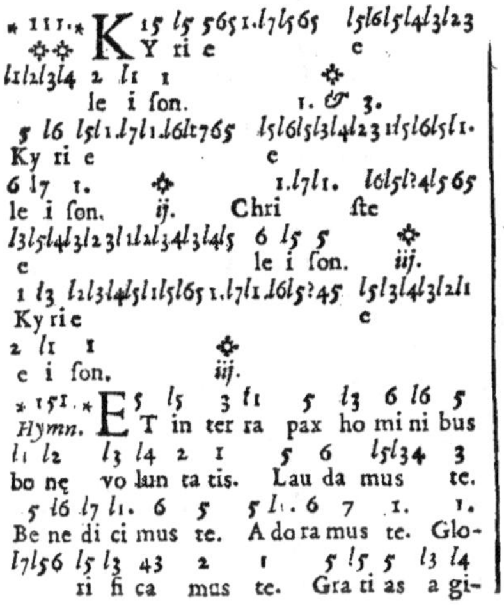

* 111. * K 15 l5 5651. l7l565 l5l6l5l4l3l23
KY ri e e
l1l2l3l4 2 l1 1
le i son. 1. & 3.
5 l6 l5l1. l7l1. l6l1765 l5l6l5l3l4l23 1l5l6l5l1.
Ky ri e e
6 l7 1. 1. l7l1. l6l5l?4l5 65
le i son. ij. Chri ste
l3l5l4l3l23l1l2l34l3l4l5 6 l5 5
e le i son. iij.
1 l3 l2l3l4l5l1l5l65 1. l7l1 l6l5?45 l5l3l4l3l2l1
Ky ri e e
2 l1 1
e i son. iij.

* 151. * E 5 l5 3 l1 5 l3 6 l6 5
Hymn. ET in ter ra pax ho mi ni bus
l1 l2 l3 l4 2 1 5 6 l5l34 3
bo næ vo lun ta tis. Lau da mus te.
5 l6 l7 l1. 6 5 5 l1. 6 7 1. 1.
Be ne di ci mus te. A do ra mus te. Glo-
l7l56 l5 l3 43 2 1 5 l5 5 l3 l4
ri fi ca mus te. Gra ti as a gi-

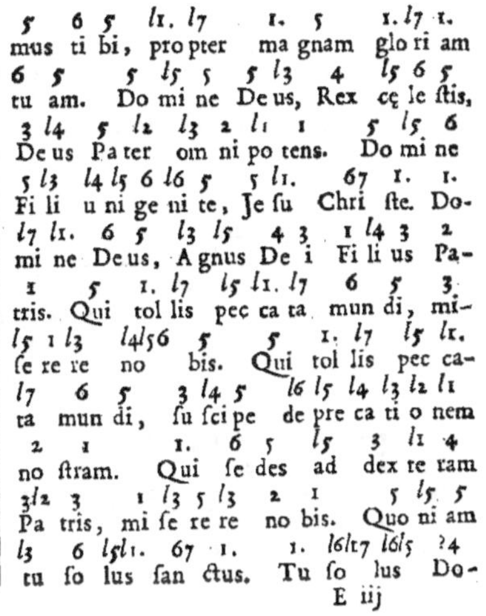

5 6 5 l1. l7 1. 5 1. l7 1.
mus ti bi, pro pter ma gnam glo ri am
6 5 5 l5 5 5 l3 4 l5 6 5
tu am. Do mi ne De us, Rex cæ le stis,
3 l4 5 l2 l3 2 l1 1 5 l5 6
De us Pa ter om ni po tens. Do mi ne
5 l3 l4 l5 6 l6 5 5 l1. 67 1. 1.
Fi li u ni ge ni te, Je su Chri ste. Do-
l7 l1. 6 5 l3 l5 4 3 1 l4 3 2
mi ne De us, A gnus De i Fi li us Pa-
1 5 1. l7 l5 l1. l7 6 5 3.
tris. Qui tol lis pec ca ta mun di, mi-
l5 1 l3 l4l56 5 5 1. l7 l5 l1.
se re re no bis. Qui tol lis pec ca-
l7 6 5 3 l4 5 l6 l5 l4 l3 l2 l1
ta mun di, su sci pe de pre ca ti o nem
2 1 1. 6 5 l5 3 l1 4
no stram. Qui se des ad dex te ram
3l2 3 1 l3 5 l3 2 1 5 l5 5
Pa tris, mi se re re no bis. Quo ni am
l3 6 l5l1. 67 1. 1. l6l7 l6l5 ?4
tu so lus san ctus. Tu so lus Do-

l5 5 5 3 l1 l1. 6 l7 1. 1. l7 l5
mi nus. Tu so lus Al tif fi mus, Je su
6 5 5 l3l23 l1 2 l2 3 1
Chri ste. Cum san cto Spi ri tu, in
5 l5 5 l6l5 l4l3l4 2 1 1. l7l56l5l34
glo ri a De i Pa tris. A-
3l5l4l3l2l3l12 1
men.

151. P56 5 3 l1 l3 l4l56 5
Symb. A trem om ni po ten tem.
5 6 l7 1. l7 l5 6 5 l3l4 5 l5
Fa cto rem cę li & ter rę. Vi si bi li-
5 5 l4 3 1 l2 l3 l4 2 l1 1 1
um om ni um, & in vi si bi li um. Et
l2 3 l2 3 l4 5 6 l5 4
in u num Do mi num Je sum Chri-
3 5 l5 5 3 1 l2 l3 2 l1 1
stum, Fi li um De i u ni ge ni tum.
5 l6 5 l3 4 3 1 l3 5 l5 5 6
Et ex Pa tre na tum an te om ni a sę-
l5 5 1. l7 l1. 6 5 5 l3 l5 4
cu la. De um de De o, lu men de lu-
l3 2 l3 l4 5 l1 l4 l3 l1 2 1
mi ne, De um ve rum de De o ve ro.
1. l1. 7 l1. 6 5 l1 l3 5 l5 5
Ge ni tum, non factum, con sub stan ti a-
3 l4l56 5 5 l5 3 l3 4 2
lem Pa tri, per quem om ni a fa-
l1 1 1 3 l2 l5 4 l4 3 5
cta sunt. Qui propter nos ho mi nes, &
l6 l7 1. l7 l5 6 5 l5 3 1 l1.
propter nostram sa lu tem de scen dit de
6 5 5 5 l5 4 l4 3 1 3 l3 4
cę lis. Et in car na tus est de Spi ri tu
56 5 5 l6 5 3 4l3 l2 3 1
san cto, ex Ma ri a Vir gi ne: Et
4 3 2 l1 1
HOMO FACTUS EST.

C5 l5 5 3 1 l2 3 l1 4 3 l5
Ru ci fi xus e ti am pro nobis, sub
6 l6 7 l1. 6 5 1. l7 6 l5 5 l4
Pon ti o Pi la to: pas sus & se pul tus
3 1 l3 l4 5 5 2 l2 3 4 3 l1
est. Et re sur re xit ter ti a di e, se-
2 l3 l4 2 1 5 l4 1. l7 l5
cun dum scri ptu ras. Et ascen dit in
6l7 1. 5 l5 l5 6 l6 5 4 3 5
cæ lum: se det ad dex te ram Pa tris. Et
l3 l4 5 l1. 6 l1. 7 l5 6 l6 5
i te rum ven tu rus est cum glo ri a
l3 l4 5 l5 5 3 l4 3 l2 3 l1 l1
ju di ca re vi vos & mor tu os: Cu jus
2 l2 l3 l4 l3 2 1 5 l5 6 l6
re gni non e rit fi nis. Et in Spi ri-
5 3 l1 2 l2 3 l1 l3 l4 l5
tum san ctum, Do mi num & vi vi fi-
6 5 l5 l6 1. l7 l1. l6 1. l7 l5 6
cantem: Qui ex Pa tre Fi li o que pro ce-
5 5 l6 1. 7 l5 6 l7 1. l5 l5 l3 l4
dit Qui cum Patre & Fi li o, simul a do-
56 5 5 l4 l3 l2 l1 2 1 l3 l4 5 l5
ra tur, & conglo ri fi ca tur: Qui lo cu tus
5 l3 l5 4 3 1 2 l3 4 l3
est per Prophetas. Et u nam San ctam,
l2 3 l4 5 l3 l4 l5 6 l6 5 l1. 6
Ca tho li cam, & A po sto li cam Ec cle-
l5 5 1 3 l3 2 3 l1 l1 2 3 l3
si am. Con fi te or u num Baptisma in
l4 l5 l6 5 3 l4 l3 2 1 5 l5 4
remis si o nem pec ca to rum. Et ex pe-
3 l1 l1 l5 l5 l6 l5 l6 l7 1. 5 1.
cto re sur re cti o nem mor tu o rum. Et
7 5 6 5 3 4l3 l2 3 l1l2l3l1l4l3l2l12
vi tam ven tu ri sæ cu li. A
1
men.

111. S1l3l2l3l456 5 1. l7l56l5l34
Hymn. An ctus, San-
3 1l2l3l14l3l2l12 1 5 l6 7 1. l5
ctus, San ctus Dominus De us
6 l6 5 1. l7 l5 1. 6 l5 l6l54 3
Sa ba oth. Ple ni sunt cę li & ter ra
5 l2 3 4 3 1 2 3 l4 l3 2 1
glo ri a tu a: Ho san na in ex cel sis.
1. l7 1. 5 l1. 6 5 l5 6 l6 5 4
Be ne di ctus qui ve nit in no mi ne Do-
l4 3 1 2 3 l4 l3 2 1
mi ni: Ho san na in ex cel sis.

11.1. A 1. l7 l5 6l7 1. l1. 6 l5
✠✠ Gnus De i, qui tol lis
l3 4 l5 6 5 5 l3 4 l3 2 1 1
pec ca ta mundi, mi se re re no bis. A-
l3l4 56 5 l5 1. l7 l5 1. l7 6
gnus De i, qui tol lis pec ca ta mun-
5 3 l4 5 l3 2 1 1 l3 2 5
di, mi se re re no bis. A gnus De i,
l3 4 l5 l6 5 l3 4 3 1 l2 3 l4
qui tol lis pec ca ta mun di, do na no bis
2 1
pa cem.

CINQUIEME MESSE.*

* Du 6. Ton. M. DU MONT.

5,1 6. K 1l23 l3 3l2l343 5l4l3l24l3l2l1
✠✠ Y ri e e
2 l1 1 ✠ 5 3l2l3l14l3l23
le i son. j. & ij. Chri ste
1l2l4l32l1l6,l7,l1 2 l1 1 ✠ 5 6
e le i son. iij. Ky ri-
5l3l1l23l45 1l7,l5,1l2l3 2 l1 1 ✠
e e le i son. 3. & 7.
1l7, l5, 1l2l3l25l343 3l1l7,l1l25,1l2l34
Ky ri e e-
2 l1 1 ✠
le i son. 8. & 9.

5,16 1 l1 6,l5, 1 l1 2 l2 3
Hymn. ET in ter ra pax ho mi ni bus
l1 l2 l3 l4 2 1 1l2 3 4 3
bo nę vo lun ta tis. Lau da mus te.
5 l4 3 l1 2 3 5l3 l1 2 1 5,
Be ne di ci mus te. A do ra mus te. Glo-
l1 l2 3 2 1 1 l2 3 l3 l2 3 4 3
ri fi ca mus te. Gra ti as a gi mus ti bi,
l5 l4 3 l1 2l3 4 2 1 1
propter ma gnam glo ri am tu am. Do-
l1 1 6, 5, 1 l2 3 l2 l3 l4 5
mi ne De us Rex cę le stis, De us Pa-
l4 l3 2 l1 1 5, l5, 5, 1 6, l7, l1
ter om ni po tens. Do mi ne Fi li u ni-
2 l2 2 3 l1 4 3 5 l5 5 3
ge ni te Je su Chri ste. Do mi ne De-
1 3 l4 565 1 l2 3l5 4 3 1
us A gnus De i, Fi li us Pa tris. Qui
2 3 l1 7, l1 6, 5, 1 l6, l7, l1 2 1 1
tol lis pec ca ta mun di, mi se re re no bis. Qui
2 3 l1 3 l5 4 3 5 l5 5 l3 l1
tol lis pec ca ta mun di, su sci pe de pre-
l2 l3 4 l5 6 5 1 3 2 l5 3
ca ti o nem no stram. Qui se des ad dex-
l1 4 3l2 3 5 l1 2 l3 2 1. 1
te ram Pa tris, mi se re re no bis. Quo-
l1 1 l7, l1 l6, 5, 1 1 2 l3
ni am tu so lus san ctus. Tu so lus
43 l2 3 1 3 l4 l5 6 l6 5 3
Do mi nus. Tu so lus Al tis si mus Je-
l5 4 3 1 7, l5, 6, l7, 1 l5,
su Chri ste. Cum san cto Spi ri tu, in
1 l2 3 2l3 l4 2 1 5l4l3l2l3 1 4l3 2
glo ri a De i Pa tris. A
l1 l6, l7, l1 2 1
men.

5,5,6 P5, 1 l1 l2 l3 4 3 1 3
Symb. Atrem om ni po ten tem. Fa cto-
l4 5 l4 l3 2 1. 1 l1 2 l2 2 3
rem cę li & ter rę. Vi si bi li um om-
l4 3 5 l1 l2 l3 l2 1 1 5 l5 3 l1
ni um, & in vi si bi li um. Et in u num
2 l3 4 2 l5 l4 5 2 l2 2
Do mi num Je sum Chri stum Fi li um
3 1 l4 l3 2 l1 1 1 6, l7, l1 6,
De i u ni ge ni tum. Et ex Pa tre na-
5, 1 l2 3 l3 1 4 l4 3 5 l5 l5
tum, an te om ni a sę cu la. De um de
6 5 3 l3 l1 3 l4 5 2 l2 3
De o, lu men de lu mi ne, De um ve-
4 l4 l3 l1 2 1 1 l1 7, l1 6,
rum de De o ve ro. Ge ni tum, non fa-
5, l5, l5, 1 l1 2 l3 4 3 5 l1
ctum, con sub stan ti a lem Pa tri: per quem
2 l3 4 2 l1 1 1 1 l7, l5,
om ni a fa cta sunt. Qui propter nos
6, l7, 1 l5, l1 l2 3 l2 l3 4 3
ho mi nes, & propter nostram sa lu tem
5 3 l2 l1 2 1 1 1 l1 6, l5, 1
de scen dit de cæ lis. Et in car na tus est
1 3 l3 3 4 5 5 l6 5 l3 4 l4 3
de Spi ri tu san cto, ex Ma ri a Vir gi ne.
1 2 3 2 l1 1
ET HOMO FACTUS EST.
1 l1 5 l5 3 l2 3 l1 4 3 l1
CRu ci fi xus e ti am pro no bis sub
1 l1 7, l1 6, 5, 1 l2 3 l2 5 l4
Pon ti o Pi la to: pas sus & se pul tus
5 5 l5 l5 6 5 1 l1 1 2 3 l1 4
est. Et re sur re xit ter ti a di e, secun-
l3 l1 2 1 5, l1 2 l3 l5 4 3
dum scri ptu ras. Et a scen dit in cæ lum:
1 l3 l4 5 l5 5 6 5 5 l5 l4 3
se det ad dex te ram Pa tris. Et i terum
l1 2 l3 4 l2 3 l4 5 l1 l1 1 l6, 2
ven tu rus est cum glo ri a ju di ca re vi-
l7, l1 6, l5, 5, l1 l1 2 l3 l5 l4 l3
vos & mor tu os: Cu jus re gni non e rit
2 1 1 l1 2 l2 3 1 l2 3 l4
fi nis. Et in Spi ri tum san ctum, Domi-
5 l3 l3 l4 l5 6 5 5 l5 3 1
num & vi vi fi can tem: Qui ex Pa tre,
l2 l3 4 l3 l1 2 1 1 l1 6, 5, l1
Fi li o que pro ce dit. Qui cum Pa tre &
6, l7, 1 l5, l5 l1 l2 3 l2 l5 l3 l1 l2
Fi li o si mul a do ra tur, & con glo ri-
l3 2 1 l1 l1 2 l2 2 l3 l1 4 3 5
fi ca tur: Qui lo cu tus est per Pro phe tas. Et
l5 l5 5 3 l1 2 l2 3 l1 l3 l4 5
u nam San ctam, Ca tho li cam, & Apo sto-
l5 5 l5 6 l5 5 1 6, l5, 1 6, l7,
li cam Ec cle si am. Con fi te or u num
l1 2 5, 1 l1 l2 l3 4 2 l3 l5 l4 5
Ba ptis ma in re mis si o nem pec ca to rum.
5 l5 6 5 l1 l2 l3 l4 5 l5 2 l3 4
Et ex pe cto re sur re cti o nem mor tu o-
3 1 4 2 l2 3 l3 4 l4 5 7l4
rum. Et vi tam ven tu ri sę cu li. A-
3 2 1 l1 l6, l7, l1 2 1
men.

5,16 S1l7, l5, 1l2 l3 4 3 5l4l3l2l3l1 3l4 5
Hymn. An ctus. San ctus.
1l2 4 3l2l1 2 1 1 l2 3 l2 l3 4l3 l2 3
San ctus Do mi nus De us Sa ba oth.
1 l3 l4 56 5 l3l5 4l3l4 2 2 l3 5
Ple ni sunt cæ li, & ter ra glo ri a
l4 5 23 1 6, l7, l1 2 1 1 l1
tu a: Ho san na in ex cel sis. Be ne-
2 l3 l5 4 3 l1 1 l7, 1 6, l5, 5,
di ctus qui ve nit in no mi ne Do mi ni:
1l2 4 3 1 l2 l3 2 1
Ho san na in ex cel sis.

5,15 A1 l1 2 3 l1 1 l6, l2 7,
✠✠ Gnus De i, qui tol lis pec ca-
l1 6, 5, 5 l1 2 l3 2 1
ta mun di, mi se re re no bis. ij.
5 l5 4 3 l1 2 3 l4 2 l5 l4 5
Agnus De i, qui tol lis pec ca ta mun di,
23 l1 4 l3 2 1
do na no bis pacem.

* Du 6 Ton.
M. Niver.

SIXIEME MESSE. *

6,16 K I 23 3235653145 1514312314 13
✣✣ Y ri e e
2l17,l116, 7, l1 l121 ✣ 1 17,6,7,l12
le i son. *iij.* Christe
25l43l23 143l2 3 l4 l45 ✣ 1 l1
e le i son. *iij.* Ky ri-
17,6,7,l12 234l32l17, l1 12 l1 1 ✣
e e le i son. *iij.*

6,16 E I 23 32 l1 l12 l5 3 l4 l45
Hymn. T in ter ra pax hominibus
l1 l2 7, l1 12 1 1 l7,l6, 7, l12 l25
bo næ vo lun ta tis. Lau da mus te. Be-
l4l3 2 l1 7,l1 21 1 l1 l7,l6, 7, l12
ne di ci mus te. A do ra mus te.
l23 l2 l1 7, 1l2 21 l5 l4 l43 2 l1 l5
Glo ri fi ca mus te. Gra ti as a gi mus
l56 5 l1l7, 6, l2l1 7, l5l4 l3 l4
ti bi pro pter ma gnam glo ri am
2 1 5 l5 l5l6 4 3 l32 1 56 5
tu am. Do mi ne Deus rex cę le stis,
l1l7, 6, l2l1 7, l1 12 l1 1 1
De us Pa ter om ni po tens. Do-
l1 l2 l23 2 l5 l3 l4 l5 6 l3 l5 l5?4
mi ne Fi li u ni ge ni te, Je su Chri-
5 1 l1 l2 l23 2 l5 l3 l45 6 3
ste. Do mi ne De us, A gnus De i, Fi-
l4 l5 l5?4 5 1 5 l43 2 l4l3 l2l1
li us Pa tris. Qui tol lis pec ca ta
56 5 l1 l2 7, l1 12 1 1 5 l43
mun di, mi se re re no bis. Qui tol lis
2 l4l3 l2l1 56 5 l1 l2 l23 l2 l3 l2
pec ca ta mun di, su sci pe de pre ca-
l1 7,l1 12 1 1 5 l43 l3
ti o nem no stram. Qui se des ad
l4 l5 l5l6 l43 2 l25 l4l3 l2l1 7,
dex te ram Pa tris, mi se re re
12 1 5 l4 l43 l3 l2 l1 7, 6,
no bis. Quo ni am tu so lus san ctus.
3 l2 l1 7, l1 1 1 5 l43 l3
Tu so lus Do mi nus. Tu so lus Al-
l4 l5 l56 l3 l5 l5?4 5 23 21 7,
tis si mus Je su Chri ste. Cum san cto
12 l1 1 1 l2 l3 l34 l3 l2 l3l56 5
Spi ri tu. In glo ri a De i Pa tris.
1l7,l6,7,l1 l121
A men.

5,16 P I 23 l2l4 3 l2 32 1 l1
Symb. A trem om ni po ten tem. Fa-
17, 6, 2 l7, l1 12 1 l15 l6 l5 l4 32
cto rem cę li & ter rę Vi si bi li um
56 l5 5 l1 l2 7, l1 12 l1 1 l1 l5
om ni um & in vi si bi li um. Et in
l5 l6 5 l4 3 l2l1 56 5 l1 l2
u num Do mi num Je sum Chri stum, Fi li-
3 l2 l1 7, l1 12 l1 1 1 l1 l7, l6,
um De i, u ni ge ni tum. Et ex pa tre
l7, 1 2 l2 l5 3 l3 l4 l56 l5 5 1 l7,
na tum an te om ni a se cu la. De um
l6, l7, l1 2 2 l3 l1 l2 l3 4 l4 l5
de De o, lu men de lu mi ne, De um
l6 l5 3 l2 l3 l5 l5?4 5 5 l4 l3
ve rum de De o, ve ro Ge ni tum,
l4 3 2 l2 l5 l4 l3 l2 l1 7, 6,
non fa ctum, con si b stan ti a lem Pa tri:
l3 l5 4 l3 l23 2 l1 1 l1
per quem om ni a fa cta sunt. Qui
l5 l3 l4 3 l2 2 l2 l5 l4 l3 l2
pro pter nos ho mi nes, & propter nostram
l1 7, 6, 3 l2l1 7, l5l6 ?4 1 1 l7,
sa lu tem, de scen dit de cæ lis. Et in-
l6, 17,l6,l5,12 l1 1 l5 3 l3 l4 l56
car na tus est de Spi ri tu san-
5 l2 l3 l2 l7, l1 l4 3 25 43 23
cto ex Ma ri a vir gi ne: Et Ho mo
12 l1 1 1 l1 l7, l6, 17, l17 l6, l5, 1
fa ctus est. Cru ci fi xus e ti am pro
2 1 l5 3 l3 l4 l2 l;l4 5 23 l2l1
no bis: sub Pon ti o Pi la to pas sus
7, l1 12 l1 1 1 l5 l56 l5l4 3
& se pul tus est. Et re sur re xit
3 l3 l4l2 l3l4 5 l1 l23 2 l1 l17,
ter ti a di e se cun dum scri ptu-
1 l1 l3 5 l5 l6 l5l4 3 3 l4 l3
ras. Et a scen dit in cę lum: se det ad
2 l1 l5 l56 5 1 7, l1 l6, 7,
dex te ram Pa tris. Et i te rum ven-
l1 l2 3 1 l2 l3 4 l3 l2 l3 l5 l5?4
tu rus est cum glo ri a ju di ca re vi-
5 1l7,l6, 17l6,l5,12 l1 1 l1l7,
vos & mor tu os: Cu-
6, l2l1 7, l54 l3l4 2 1 1l7, l6, l7,
jus re gni non e rit fi nis. Et in Spi-
l1 2 2l3 l1 l2 l3 4 l3 l2 l3 l5
ri tum san ctum Do mi num, & vi vi fi-
l5?4 5 1 l7,l6, l2l1 7, l5 l4 3 l2
can tem: Qui ex Pa tre, Fi li o que
l1 l17, 1 l1 l2 3 l2 l5 l3 l4 5
pro ce dit. Qui cum Pa tre & Fi li o
l1 l2 l3 l4 3 2 l2l3 l2 l1 7, l1 12
si mul a do ra tur, & con glo ri fi ca-
1 l5 l3 l2 l1 7, l1 l6 7, 1 1
tur: Qui lo cu tus est per prophetas. Et
l1 l2 3 l2 l5 l3 l4 5 2 l5 l3
u nam san ctam, Ca tho li cam, & A po-
2 l1 7, l1l6, 7, l1 1 1 5 l4 l3 l4
sto li cam Ec cle si am. Con fi te or u-
l2 l1 56 5 l1 l2 3 l1 l2 l1 7, l1
num ba tis ma in re mis si o nem pec ca-
12 1 l1 l5 5 l43 l3 l4 2 l1 56
to rum. Et ex pe cto re sur re cti o-
5 1l7, l6, 17,6, 5, 1 23 l2 l25
nem mor tu o rum. Et vi tam ven-
turi

l4 l3 l2 l1 l7, 123 21
tu ri sę cu li. A men.

*5,16*S 123121 1 1232432 21
Hymn. An ctus. San- ctus.
l7, 6,5, 1 l2 23 6,7, l1 12 l1 1
San ctus. Do mi nus De us Sa ba oth.
5 l4l3 l2l1 56 5 1l23 l2l1 l7,6, 2
Ple ni sunt cę li & ter ra glo-
l1 l17, 1l2l23. l3 l35 l43 23 l1 12l1
ri a tu a: Ho san na in ex cel-
1 1 l1 23 2 35 56 5 l1 l23
sis. Be ne di ctus qui ve nit in no-

l3 l2 l17, l6, 6, l3 l35l43 23 l1 121 1
mi ne Do mi ni: Ho san na in ex cel sis.
5,16 A 23 12l1 1 1 5 l43
✣✣ Gnus De i, qui tol lis
2 l4l3 l2l1 56 5 1 2 7, l1 12
pec ca ta mun di, mi se re re no-
1 ✣ 17, 6,5, 1 23 1l3 l32
bis. *j. & ij.* A gnus De i, qui tol-
l17, l1 2 l3 43 2 l25 l4l3 l2l1 7,
lis pec ca ta mun di, do na no bis,
12 1
pa cem.

SEPTIEME MESSE.

* Du 1. Ton. de M. ***

124. K 24l56 l6 6 l2.l1 l2.l3.l4.
✣✣ Y ri e
l3.l2.l1.t76 l6l5l4l3l2 6 l2 2 ✣ 6
e le i son. *iij.* Chri-
6l5l4t7l6lt7l1.l6lt7l6l5l4 56 l6l5l4l32
ste
l5l4l3l2 ?1 l2 2 ✣ 2 l2l3l4l2
e le i son. 4. & 5. Chri ste
l6l7l1.l6l2.l1.l2.l3.4 l3.l2.1.l7l62. ?1. l2.
e le i-
2. ✣ 2. l?1.2. l2l3l4l2l6l4l5l3l456
son. 6. Ky ri e
l71. 7 l6 6 ✣ 6 t7 l6lt7l1.l6lt7l6l5
e le i son. 7. & 8. Ky ri e
l456 l2.l1.l2.l3.l4.l3.l2.l1.t76l6l5l4l3l4 l2
e-
6 l2 2 ✣
le i son. 8.

124. E 2 l2 2 l3 4 l2 6 l6
Hymn. T in ter ra pax ho mi ni-
6 t76 54 l3 l2 6 2 23 4l3l2
bus bo nę vo lun ta tis. Lau da-
?1 2 2 l3 4 l2 4l5 l6 2. 1. l6
mus te. Be ne di ci mus te. A do ra-
t7 6 6 l7 l1. 2 ?1. 2. 6 l6 6
mus te. Glo ri fi ca mus te. Gra ti as
4 l3 2 t7 6 l6l7 1. 2. ?1.
a gi mus ti bi, pro pter ma gnam
2. l3.l4. 3. 2. 2 2l 2 6 l4 1. l6
glo ri am tu am. Do mi ne De us Rex cę-
2. 1. l6 tl7 5 l4 l2 6 l2 2 6
le stis, De us Pa ter om ni po tens. Do-
l6 6 2. 1. l6 lt7 1. l4 4 5 l6 t7 6
mi ne Fi li u ni ge ni te, Je su Chri ste.
2. l?1. 2. l2 l3 4 l5 6 4 1. l1 1.
Do mi ne De us, Agnus De i, Fi li us
t7 6 6 5 4 l3l4l5l6l7 1. l6
Pa tris. Qui tol lis pec ca ta
2. 1. 2. l3. 4.l3.l2.1. l6 2l?1. 2. 2
mun di, mi se re re no bis Qui
6 6 3 l4l5l6l71. l6 2. 1. 2. l3. 4.
tol lis pec ca ta mun di, su sci pe
l3.l2. l1.l7 l6l5l4 3 l1 6 2 6
de pre ca ti o nem nostram. Qui

t7 6 l4 1. l1. 1. 2. 6 2.l3. 4.l3.l21.
se des ad dex te ram Pa tris, mi se re-
l6 2.l?1. 2. 2 l3 4 l4 5 l6 t7 6
re no bis. Quo ni am tu so lus sanctus.
6 l2.l1 lt7l65 l4 5 l6 6 2. l4.l3.l2.
Tu so lus Dominus. Tu so-
l1.t7 l6 l4 1 l1. 1. 2 1. t7 6
lus Al tis si mus Je su Chri ste.
2 l2l3l4l3l4l5l6l5l6l7 ?1. 2. l?1 2.
Cum san cto Spi ri tu,
l2. 2. l3. 4. l3.l2.l1.t7 l6 5 4
in glo ri a De i Pa tris.
l3l4l5l3l6l7l1.l6l2.l1.l2.l3.4.l3.l2.1 lt76l5l4l3l2
A
6 2
a men.

124. P 2 6 l3 l4 l5 l6l5l6l7l1.2.l?1.
Symb. A trem om ni po ten-
2. l2. 2. l3. 4.l3. l2.l1. lt7l6 5 4
tem Fa ctorem cę li & ter rę.
l4 l5 6 l7 1. 2. l?1. 2. l2. l3. l4.l3.l2. ?1.
Vi si bi li um om ni um & in vi si bi-
l2. 2. 2 l3 4 l2 4 l5 6 t7 l6
li um. Et in u num Do mi num Je sum
5 4 1. l1. 1. 2. 6 l?4 l5 6 l2 2
Chri stum Fi li um De i u ni ge ni tum.
2. l6 t7 l6 l5 4 l1 l2 3 l4 l5 6
Et ex Pa tre na tum an te om ni a sę-
l2 2 2. l?1. l7 1. 1. l6 lt7 l6 t7
cu la. De um de De o, lu men de lu-
l1. 6 l4. l3. 2. 1. l6 t7l1. l2. ?1. 2.
mi ne, De um ve rum de De o ve ro.
2. l1. l2. l3. 4. 4. l4. l3. l2. l1.
Ge ni tum, non fa ctum, con sub stan ti-
2. l3. 6 6 ?4 l?4 5 l5 5 6 l2
a lem Pa tri, per quem om ni a fa cta
2 l6 2. l2. l1. 2. l3. 4. l4
sunt. Qui pro pter nos ho mi nes, &
l5 l5 l6 t7 l4 1. 4 l4. l3. 2. l2.
pro pter no stram sa lu tem de scen dit de
?1. 2. 2 4 l4 5 l5 6 l6 t7 l6 l5
cę lis. Et in car na tus est de Spi ri tu
5 4 6 l6 5 l3 4 l2 6 6 t7
san cto, ex Ma ri a Vir gi ne: Et Ho-

Page 42. a.

*Du 1. Ton. de M. ***
Voyez les errata de ces Messes, Pag 54. en marge, & corrigez les auparavant que de chanter; car il ne faut qu'un Nombre, autre qu'il ne doit estre, dans une Piece, pour en alterer le Mode, & pour causer

une dissonance qui ne feroit pas d'honneur à l'Auteur. Il n'y a rien de plus évident ny de plus certain que les Mathematiques, & ce qui les concerne, il est vray, mais aussi il n'y a rien où il faille apporter tant d'exactitude & de presence d'esprit : un seul Point trop, ou trop peu, vous renverse tout, & vous remet au commencemēt, lors que vous croyez estre à la fin.

** Les quatre choses dont il est parlé dans ces Exemples, PLEIN-CHANT, FAUX-BOURDON, CONTRE-POINT, & MUSIQUE, ne different propremēt que du plus & du moins. Dans le* Plein-Chant, *il n'y a qu'une seule Partie, & toutes les valeurs sont égales : Dans le* Faux-bourdon, *il y a ordinairement uniformité de valeurs comme dans le Plein-Chant, mais il y a 4. Parties differentes : Dans le* Contre-point *au contraire, il*

5 243 l2 2
MO FACTUS EST.
C2.?1. l2.l3. 4. l4. 4 l5 6 l4 1. 4
Ru ci fi xus e ti am pro no bis,
l4. 3. l1. l2. l3. 6 6 ?4 ?4 5 l5 6
sub Pon ti o Pi la to : pas sus & se pul-
l2 2 2. l1. 6 4. l3. 1. l2. 2. l?1. 2.
tus est. Et re sur re xit ter ti a di e
l2.l3. l4.l3. l2.1. t7 6 2 l2l3 l4l5 l6l7
se cun dum scri ptu ras. Et a scen-
l1. l6 l72.l1. 2. l2. 2. l3. 4. l3. l2.
dit in cæ lum se det ad dex te ram
?1. 2. l2. 2.l?1. 2. 2. l4.l3. l2.l1. t7
Pa tris. Et i te rum ven tu rus est
l6 t7 l1. 4 4 tl7 5 l1. 6 2. 2.
cum glo ri a ju di ca re vi vos &
?1. l2. 2. l2.l1. lt7l6 5 5 l6l5
mor tu os. Cu jus re gni non
l4l3 l2 6 2 l2 l3 4 l5 6 lt7
e rit fi nis. Et in Spi ri tum san-
l6 5 l4 1. l2. l1. l2.l3. 6 6 ?4
ctum Do mi num & vi vi fi can tem. Qui
l?4 5 5 l3 l4l2 ?1 l2 43 2 2
ex Pa tre Fi li o que pro ce dit. Qui
4 35 6 l7 1.l2.?1. 2. 3. 4. 3. 2.?1.
cum Pa tre & Fi li o, si mul ado ra-
2. l6 lt7 l6 l5 l4 1. 4 4 l1. 2. l6
tur, & con glo ri fi ca tur. Qui lo cu tus
lt7l6lt7l1.l2.l1.l2.l3.4. 4 l5 6 2 2.
est per Pro phe tas. Et
l4.l3. l2.l1. lt7l6 t7 l6 5 l4 4 4
u nam san ctam Ca tho li cam &
l1. l6 2. l3. ?1. l1.l3. l4.3. l2. 2. l2. 6
A po sto li cam Ec cle si am. Con fi-
l7 1. l1. 2. l2. ?1. 2. l6 l4 lt7 l5 6
te or u num Ba ptis ma in re mis si o-

2 l2 l2 3 . 2 4 l5 6 2 l2: l1?
nem pec ca to rum. Et ex pe cto re sur-
l2. l3. 4. 4. 2. l1. t7 6 l2l3 l4l5
re cti o nem mor tu o rum. Et vi-
l6l7 l1.l7 6 l7 2. l?1. 2. 2.l1.l71.l7l6
tam ven tu ri se cu li. A
t7l6l5l6l5l?4l5l6 2
men.

224. S2l3l4l2l6l7l1.l6l2.l1.l2.l3.4. 3.
Hymn. An ctus.
2.l?1. 2. 6l5l4l3l4l2l6 2 4 l4
San ctus. San ctus. Do mi-
4 l1. l6 t7 l6 6 2.?1. l2. l3.
nus De us Sa ba oth. Ple ni sunt
4. 4. l4 1. 4 1. l1. 1. 2. 6 6
cœ li & ter ra glo ri a tu a : Ho-
l6l5l4l3 2l6l7l1.l6l2. ?1. l2. l3. 4.l3.l2.1.lt7
san na in ex cel-
l62.l?1. 2. 6 l6 6 l2 l3 4l3l4l5l6l4t7
sis. Be ne di ctus qui ve-
6 l6 4 l3 4 5 l6 6 6 l6l5l4l32
nit in no mi ne Do mi ni : Ho san-
l6l7l1.l62.?1. l2.l3. 4.l3.l2.1.lt7l6l5l4l3l26 2
na in ex cel sis.

224. A2 l3 4 l2 l3 4l5 6 l4
✠✠ Gnus De i qui tol lis pec-
1. l6 2. 1. 2.l3. 4.l3.l2.l?1. l6 2.?l1.
ca ta mun di, mi se re re no-
2. ✠ 6 l6 4 l2 l6 t7 6 l7
bis. 1. A gnus De i, qui tol lis pec-
1. l2. ?1. 2. 2 l3 4 l5 3 2 ✠
ca ta mun di, mi se re re no bis. 2.
2. l1. t7 6 l4 1. l1. l6 4. l3. 2.
A gnus De i qui tol lis pec ca ta mun-
?1. l2.l1. tl7l6 l5?4 l2 6 2 ✠
di, do na no bis pacem. 3.

HUITIEME MESSE.[a]

121. K26 l66 4l5653 l4562 5l4 3
✠✠ Y rie e le-
l2 2 ✠ 6 64l23451 4565 1.76
i son. *iij.* Christe e
?5 l6 6 ✠ 26 l66 5l4343 12343 2
le i son. *iij.* Ky ri e e-
?1 l2 2 ✠
le i son. *iij.*

6,21. E2 l2 l6, l1 2 l3 4 l3 3
Hymn. T in ter ra pax homi ni bus
6 l2 5 l4 3 2 6 lt7 5l4 3 4
bo nę vo lun ta tis. Lau da mus te. Be-
l5 6 lt7 5l4 3 3 l?1 2 l3 4 l4
ne di ci mus te. A do ra mus te. Glo-
2 l?1 2 l3 4 6 l6 6 l4 l5 l6 t7 6
ri fi ca mus te. Gra ti as a gi mus ti bi
2 l2 5 3 4 l5 6 5 4 2
pro pter magnam glo ri am tu am. Do-
l2 2 1 6, 2 l3 5l4 3 6 l4 5 l6
mi ne De us Rex cæ le stis De us Pa ter

l4 3 l2 2 6, l6, 6, 2?1 2 l2 3 l4 5
om ni po tens. Do mi ne fi li u ni ge ni te
3l456 5 1.7 6 1. l1. 1. 6 4 5l6
Je su Chri ste. Do mi ne De us, A-
t7 6 5 6 l2 ?1 2l343 2 2 6 6
gnus De i, Fi li us Pa tris. Qui tol lis
l3 4 l5 6 5 5 l3 4 l2 6?5 6
pec ca ta mun di, mi se re re no bis.
2 3 ?1 l2 3 l1 7, 6, 6 l6 6
Qui tol lis pec ca ta mun di, sus ci pe
2 l?1 2 l3 4l5 6 5l4 3 l3 3 3
de pre ca ti o nem no stram. Qui se des
l4 2 l2 3 1 6, 4 l2 5l4 3 2
ad dex te ram Pa tris, mi se re re no bis.
2 l1 4 l2 3 l5 4 3 l4 2 l6
Quo niam tu so lus sanctus. Tu so lus
5 l4 3 l6 1. l4 l5 6 l5 5 6 l1.
Do mi nus. Tu so lus Al tis si mus Je su
7 6 l1. 6 l1. 4 l5 3 l3 4 l2 ?1
Christe. Cum san cto Spi ri tu in glo ri a

2 l3 4 3 6l5 4 5l4 3 6,l7,l,l2 3 2
De i Pa tris. A men.
6,2 1. P2 6 l6, 2 l1 7, 6, 6 1.
Symb. Atrem om ni po ten tem. Fa cto-
4 t7l6 5 l1 2l3 4 l4l4 3l2 ?1 6,
rem cæ li & ter ræ. Vi si bi li um om-
l2 7, 1 l2 3l4 l3 2 ?1 l2 2 6 l5 4l5 6
nium, & in vi si bi li um. Et in u num
5 l4 3 1 6, t7, 6, 6 l6 4 1.7
Dominum Je sum Chri stum, Fi li um De-
6 l7 l6 ?5 l6 6 6, l7, l1 l2 1 6, 2
i u nige ni tum. Et ex Pa tre natum an-
l3 4 l5 6 5 l4 3 6 l?4 l5 6 2
te om ni a sæ cu la. De um de De o,
5 l3 l1 2 l2 3 l3 l3 1 6, 6,
lu men de lu mine, De um ve rum, de
7, 2 ?1 2 2l3 l4 3 l5 4 3 4
De o ve ro. Ge ni tum, non fa ctum, con-
l2 3 l1 l2 l1 t7, 6, 6, l7, 1 l2 3
sub stan ti a lem Pa tri, per quem om ni a
4 l5 3 l3 6 4 l4 5 l5 6
fa cta sunt. Qui pro pter nos ho mi nes
6, l2 l7, 1 l2 l3 1 6, l6 4l3 2 3l2 1
& pro pter no stram sa lu tem, descen-
l6, t7, 6, l2 4l5 6 2 2 l?1 2 l3 4 l1
dit de cę lis. Et in car na tus est de
4 l3 l4 5 5 5 l6 1. l6 4 l5 3
Spi ri tu san cto, ex Ma ri a Vir gi ne:
34 23 14 3 l2 2
ET HO MO FACTUS EST.
C6 l6 6 6 1. l4 l5 l6 5 3 l6
Ru ci fi xus e ti am pro no bis sub
4 l4 l5 l6 t7 6 l4 l2 l1 lt7, 6, l6, 6,
Pon ti o Pi la to: passus & se pul tus est.
2 l4 l5 l6l4l6 1. 5 l5 l6 4 2 l4
Et re sur re xit ter ti a di e se-
5 l6 l4 5 4 6, 6, 2l3 4 l4 l5
cun dum scri ptu ras. Et a scen dit in
6 5 2 l5 l3 4 l5 l6 ?5 6 l6
cæ lum: se det ad dex te ram Pa tris. Et
6 l6 4 l5 6 l5 3 l3 6 l6 2 l3 l4
i te rum ven tu rus est cum glo ri a ju di-
l5 l3 4 3 l1 1 lt7, 6, 1 l2 4
ca re vi vos & mor tu os. Cu jus re-
1 4 l3 l2 ?1 2 2 l2 6 l6 6
gni non e rit fi nis. Et in Spi ri tum
5 l3 4 l3 2 l2 l5 l3 4 5 6
san ctum Do mi num, & vi vi fi can tem.
l6, l2 7, 1 2 l3 4 3 l4 2 2
Qui ex Pa tre Fi li o que pro ce dit.
l2 l2 6 l5 l6 4 l4 4 2 l2 3 l?1
Qui cum Pa tre & Fi li o si mul a do-
2 6, l6, l2 l1 l2 l3 4 4 l4 l4 2
ra tur & conglo ri fi ca tur. Qui lo cu-
l2 2 l3 l4 5 6 l6 l6 l6 6 6
tus est per Pro phe tas. Et u nam sanctam
l1. 4 l5 3 l3 l6 l4 5 l6 t7 l6 5 l4 3
Ca tho li cam & A po sto li cam Ec cle si am.
6, 2 l3 ?1 l1 l4 l5 3 2 l2 l4 l3 l1
Con fi te or u num ba ptisma in re mis si-
2 6, l1 l2 3 3 3 l4 2 ?1 l2 l3 l4
o nem pec ca to rum. Et ex pe cto re sur re-
5 6 6 6, l6, t7, 6, l6, 2 l7, l3 ?1
ctio nem mor tu o rum. Et vi tam ven tu-
l?1 2 l3 4 14l3 2l5l4 3 2
ri sę cu li. A men.
6,2 1. S2 4l5l6 t7 6 6,1l2 3 4
Hymn. An ctus. San ctus.
2 2 6 l6 6 l3 l4 5 l4 3 6
San ctus. Do mi nus De us Sa ba oth. Ple-
l6 l4 1. 1. 1 2 6, 6, l1 l2 3 3
ni sunt cę li & ter ra glo ri a tu a:
36 4 2 5 l4 3 2 2 l2 1 4
Ho san na in ex cel sis. Be ne di ctus
l5 6 6 l6, 1 l2 3 4 l4 3 36
qui ve nit in no mi ne Do mi ni: Ho-
4 2 5 l4 3 2
san na in ex cel sis.
6,2 1. A2 l2 1 4 l3 4l5 6 5
✲✲ Gnus De i, qui tol lis
1. l6 l4 5 4 4 l6 5 l4 3 2 ✲
pec ca ta mun di, mi se re re no bis. 1. & 3.
4 l6 5 l4 3 2
do na no bis pa cem.
2 l4 2 6, l6 6 4 l5 6 lt7 6
A gnus De i, qui tol lis pec ca ta mun-
5 5 l3 4 2 6l?5 6 ✲
di, mi se re re no bis. 2.

F I N.

n'y a que 2. Parties, la Basse & le Dessus, mais les valeurs sont inégales, à peu prés comme dans la Musique, quoy qu'elles se répõdent parfaitement d'une Partie à l'autre, Note contre Note, Nombre contre Nombre; si on ne les a pas marquées, ç'a esté faute de caracteres: & dans la Musique, il y a tant de Parties que l'on veut, (ordinairement quatre) lesquelles sont toutes fort inégales entre elles, & ne répondent, dans leurs mesures ou valeurs, qu'à l'uniformité du Battement.

** On juge assez par la disposition des Nombres, redoublez comme on les voit dans ces Exemples, combien il sera facile de remarquer les accords qui sont estimez les plus parfaits dans la Musique & dans les Concerts, ceux qui y sont tolerables, & ceux qu'on n'y doit point souffrir; & consequemment, combien il sera aisé de faire de semblables Piéces,*

FAUX-BOURDON.

5 1.3. 1. 7 1. 2. 1. 3. 2. 3. 1. 7 6 5 2. 2. 2. 7 7 6 2. 1. 7 1. 1.
3 3 1. 3 5 5 5 5 1. 6 6 5 5 3 3 6 5 4 5 5 4 5 5 5 3 3
5,1 5 1 2 3 2 3 5 4 3 3 2 1 7, 6, 7, 6, 5, 2 2 1 3 2 1 1
1,1 2 1 5, 1 7, 1 1 2 6, 1 5, 6, 3, 4, 5, 2, 5, 5, 5, 5, 1 5, 1, 1,

Prose. Sta bat Ma ter do lo ro sa, Jux ta Crucem lachri mosa, Dũ pen de bat Fi li us.

SUP. 5. 5. 5. 5. 3. 6. 5. 5. 5. 5. 5. 5. 5. 5. 5. 5. 5. 5. 5. 3. 6. 5. 5. 5. 3.
CONT. 1. 1. 1. 1. 1. 1. 1. 7 7 7 7 7 7 7 7 7 7 7 7 1. 1. 1. 7 7 1.
TEN. 3 3 3 3 5 4 3 2 2 2 2 2 2 2 2 2 2 2 2 3 4 3 2 2 1
BASS. 1 1 1 1 1 4, 1, 5, 5, 5, 5, 5, 5, 5, 5, 5, 5, 5, 5, 1 4, 1, 5, 5, 1,

Psalm. Domi ne salvũ fac Regẽ: & ex au di nos in di e, qua in vo ca ve ri mus te.

CONTREPOINT.

& de plus belles, sur toutes sortes de sujets, lors que l'on possedera bien cette Methode, & que l'on y aura reduit quelques compositions des plus excellens Maistres, sur lesquels on doit toûjours se former, ne negligeant point toutefois le jugement de l'oreille, qui ne veut pas qu'on la méprise, Judicium aurium judicium superbissimum, *& remarquant exactement quels sont les accords dont ils se servent, leur effet, leur beauté, & enfin comment ils les appliquent à propos à leurs sujets: Le premier dépend de l'Art, mais l'autre dépend du jugement, qui est le Maistre de l'Art.*

* *Version de* M. GODEAV.
La Musique, *dit ce grand homme*, n'est pas un Art qu'il faille profaner. Elle est plus du Ciel que de la terre, & de l'Eglise que du monde; le monde l'a usurpée. Tous les Arts cesseront un jour

I.
141. 4 4 4 4 4 4 4 5 4
1,44 *Idem.* 4
CXXXI. MEmen to Domi ne Da vid: &
4 4 4 4 4 4 3 4 2 1
2 2 2 t7, t7, 4, 1 4, 5, 1,
om nis man su e tu di nis e jus.

4 4 3 4 5 6 5 3 4 5 5
II. 4 2 1 4, 1, 4, 5, 6, 2 1 t7,
✠. Si in tro i e ro in ta ber na cu-
1 4 6 !5 4 4 5 6 t7 1.
6, 4, 4, 1, 4, 4, 1, 4, 5, 6,
lum do mus me æ : si a scen de ro
6 t7 5 6 6 !5 4
2 5, 1 2 4 1 4,
in le ctum stra ti me i.

4 !5 4 4 1 4 3 4 5 6
III. 4, 1 4, 4, 4, 2, 1, 4, 3, 2,
✠. Et re qui em tem po ri bus me is,
5 6 1. 4 3 4 5 3 !2 1 1
5, 4, 3, 2, 1, 4, 1 1 5, 1, 1,
do nec in ve ni am lo cum Do mi no:
1. 6 t7 t7 5 6 6 !5 4
1 2 t7, t7, 1 4, 1, 4, 4,
ta ber na cu lum De o Ja cob.

4 1 4 3 4 5 6 1. 4 5 6
IV. 4 3 2 1 4, 1 4 3 2 2 6,
✠. In tro i bi mus in ta ber na culum
!5 4 4 5 6 4 !3 4 !3 2 2 4
1 4, 4, 1, 4, 2, 6, 2 6, 2, 5, 2
e jus : a do ra bi mus in lo co u bi
4 5 6 5 3 !4 3
2 1 4, 5, 1 5, 1,
ste te runt pe des e jus.

4 3 4 5 6 5 6 1. 4 5
V. 4 1 2 1 4, 1 6, 6, t7, 5,
✠. Sa cer do tes tu i in du an tur
3 !2 1 1 1 2 3 4 5 6 !5 4
1 5, 1, 1, 1 5, 1 2 3 4 1 !4,
ju sti ti am: & san cti tu i e xultent.

4 4 5 6 5 6 t7 1. 4 5
VI. 4 2 1 4 3 2 2 1 t7, 5,
✠. Ju ra vit Do mi nus Da vid ve ri-
!6 5 5 6 3 4 4 3 !2 1 1
2 5, 1 4, 6, 2, 2, 3, 5, 1, 4,
ta tem, & non frustra bi tur eam : de
4 3 3 4 !2 1 1. 6 t7 5 6
2, 6, 1 4, 5, 6, 6, 2 5, 1 4,
fru ctu ven tris tu i po nam su per se-
6 !5 4
4, 1, 4,
dem tu am.

4 4 3 4 5 !6 5 1. 4 6 !5
VII. 4 2 6, 2 1 4, 1 6, t7, 4, 1
✠. Et fi li j e o rum us que in se-
4 4 1 4 3 5 6 4 3 !2 1
4, 4, 6, 2, 6, 5, 4, t7, 1 5, 1
cu lum: se de bunt su per se dem tuam.

4 6 5 3 4 5 1 4 5
VIII. 4, 4, 5, 6, 6, 5, 4, 4, 1
✠. Hęc re qui es me a in sę cu-
3 !2 1 1 1 4 5 6 5 6
1 5, 1, 1, 1 2 3 4 3 2
lum sę cu li : hic ha bi ta bo, quo-
t7 1. 4 t7 6 !5 4
2 1 t7, 5, 4, 1 4,
ni am e le gi e am.

4 3 !2 1 4 5 6 t7 1.
IX. 4, 1, 5, 6, 4, 1 4 4 3
✠. Sa cer do tes e jus in du am
4 6 !5 4 4 5 6 4 3 2 1 4
2 4 1 4, 4 3 4 2 1 5, 6, 4,
sa lu ta ri : & san cti e jus e xul ta-
3 4 5 6 1. !7 1.
1 2 1 6, 6, 5, 1,
ti o ne e xul ta bunt

4 4 5 6 t7 6 5 6 !4 2
X. 4, t7, t7, 6, 5, 4, 1 1 2 t7,
✠. I ni mi cos e jus in duam con-
5 4 !3 2 1 4 3 4 6 5
5, 2 6, 2, 6, 4, 1 2 4 1
fu si o ne : su per ip sum au tem
1. 1. t7 6 5 6 2 4 5 6 !5 4
6, 6, 5, 2, 5, 4, 5, 2, 3, 4, 1, 4,
ef flo re bit san cti fi ca ti o me a.

4 5 6 5 1. 6 t7 6 5
XI. 4 3 4 1 6, 2 5, 1 1
✠. Si cut e rat in prin ci pi o
6 2 4 !5 4 4 4 4 4 4
6, t7, 2 1 4, t7, t7, t7. t7, t7,
& nunc & sem per : & in sæ cu la
4 4 3 4 !2 1
t7, t7, 1 4, 5, 1,
sę cu lo rum. A men.

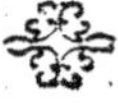

PSEAUMES.

324. 2. 2. 6 !5 3 4 5
5, 2 2. 2 2 4 3 ?1 2 t7,
I. HEureux qui n'ou vre point son
6 1. 6 3. ?1. 2. ?1. 2.
6, 6 6 ?5 6 2 6, 4
cœur Au con seil des mé chans, pour
3. 4 !3. 6 7 6 1. 2. t7
3 2 6 4 3 6, 6, t7, 5,
des des seins tra gi ques, Qui ne s'ar-
!6 5 5 1. 6 2. !7 1. 2.
2 7, 1 3 4 2 5 3 2
re ste point dans leurs sen tiers i ni-

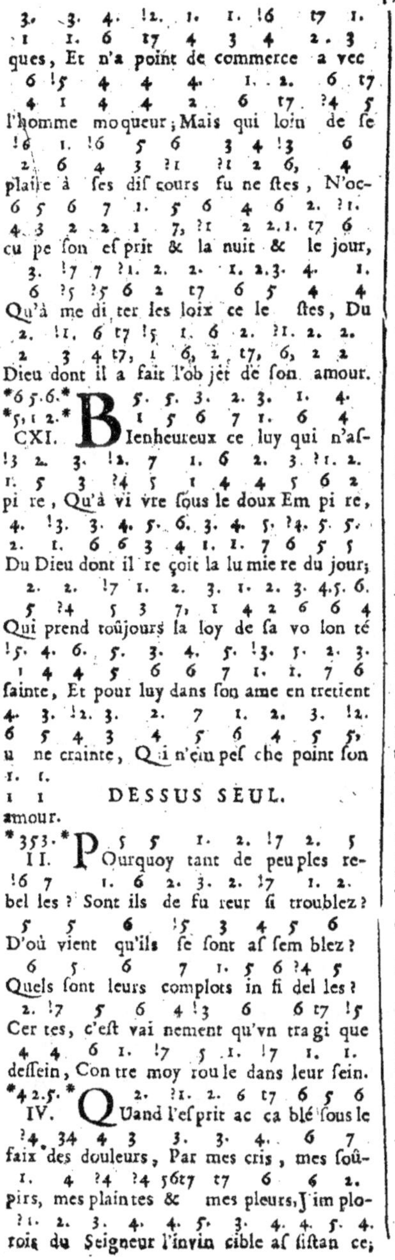

3. 3. 4. !2. 1. 1. !6 t7 1.
1 1. 6 t7 4 3 4 2. 3
ques, Et n'a point de commerce a vec
6 !5 4 4 4. 1. 2. 6 t7
4 1 4 4 2 6 t7 ?4 5
l'homme moqueur; Mais qui loin de se
!6 1. !6 5 6 3 4 !3 6
2 6 4 3 ?1 ?1 2 6, 4
plaise à ses dis cours fu ne stes, N'oc-
6 5 6 7 1. 5 6 4 6 2. ?1.
4 3 2 2 1 7, ?1 2 2.1. t7 6
cu pe son es prit & la nuit & le jour,
3. !7 7 ?1. 2. 2. 1. 2.3. 4. 1.
6 ?5 ?5 6 2 t7 6 5 4 4
Qu'à me di ter les loix ce le stes, Du
2. !1. 6 t7 !5 1. 6 2. ?1. 2. 2.
2 3 4 t7, 1 6, 2 t7, 6, 2 2
Dieu dont il a fait l'ob jet de son amour.

6 5.6. 5. 5. 3. 2. 3. 1. 4.
5, 1 2. 1 5 6 7 1. 6 4
CXI. **B**Ienheureux ce luy qui n'as-
!3 2. 3. !2. 7 1. 6 2. 3. ?1. 2.
1. 5 3 ?4 5 1 4 4 5 6 2
pi re, Qu'à vi vre sous le doux Em pi re,
4. !3. 3. 4. 5. 6. 3. 4. 5. ?4. 5. 5.
2. 1. 6 6 3 4 1. 1. 7 6 5 5
Du Dieu dont il re çoit la lu mie re du jour;
2. 2. !7 1. 2. 3. 1. 2. 3. 4.5. 6.
5 ?4 5 3 7, 1 4 2 6 6 4
Qui prend toûjours la loy de sa vo lon té
!5. 4. 6. 5. 3. 4. 5. !3. 5. 2. 3.
1 4 4 5 6 6 7 1. 1. 7 6
sainte, Et pour luy dans son ame en tretient
4. 3. !2. 3. 2. 7 1. 2. 3. !2.
6 5 4 3 4 5 6 4 5 5,
u ne crainte, Qui n'em pes che point son
1. 1.
1 1 DESSUS SEUL.
amour.

353. 5 5 1. 2. !7 2. 5
II. **P**Ourquoy tant de peu ples re-
!6 7 1. 6 2. 3. 2. !7 1. 2.
bel les? Sont ils de fu reur si troublez?
5 5 6 !5 3 4 5 6
D'où vient qu'ils se sont as sem blez?
6 5 6 7 1. 5 6 ?4 5
Quels sont leurs complots in fi del les?
2. !7 5 6 4 !3 6 6 t7 !5
Cer tes, c'est vai nement qu'vn tra gi que
4 4 6 1. !7 5 1. !7 1. 1.
dessein, Con tre moy rou le dans leur sein.

4 2.5. 2. ?1. 2. 6 t7 6 5 6
IV. **Q**Uand l'es prit ac ca blé sous le
?4 34 4 3 3. 3. 4. 6 7
faix des douleurs, Par mes cris, mes soû-
1. 4 ?4 ?4 56t7 t7 6 6 2.
pirs, mes plain tes & mes pleurs, J'im plo-
?1. 2. 3. 4. 4. 5. 3. 4. 4. 5. 4.
rois du Seigneur l'invin cible as sistan ce;

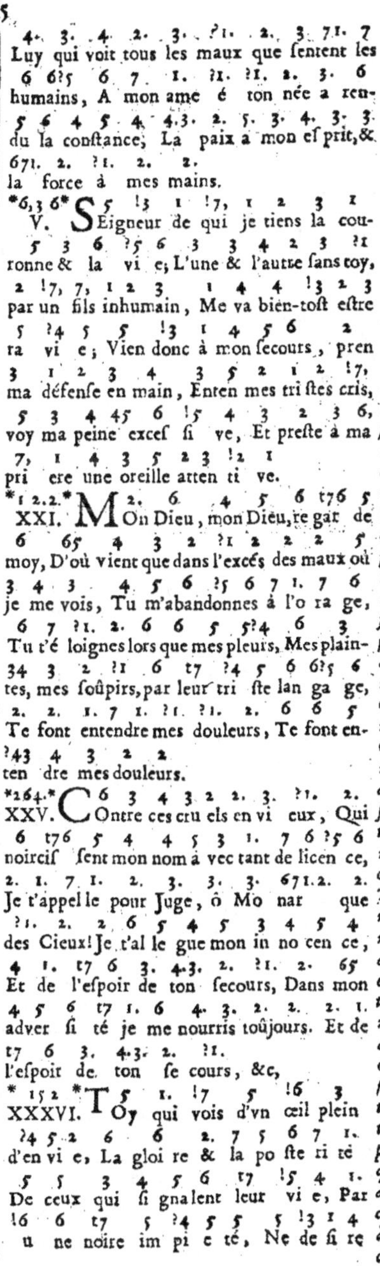

4. 3. 4 2. 3. ?1. 2. 3 71. 7
Luy qui voit tous les maux que sentent les
6 6?5 6 7 1. ?1. ?1. 2. 3. 6
humains, A mon ame é ton née a ren-
5 6 4 5 4 4.3. 2. 5. 3. 4. 3. 3.
du la constance; La paix a mon es prit, &
671. 2. ?1. 2. 2.
la force à mes mains.

6,3 6 5 !3 1 !7, 1 2 3 1
V. **S**Eigneur de qui je tiens la cou-
5 3 6 ?5 6 3 3 4 2 3 ?1
ronne & la vi e; L'une & l'autre sans toy,
2 !7, 7, 1 2 3 1 4 4 !3 2 3
par un fils inhumain, Me va bien-tost estre
5 ?4 5 5 !3 1 4 5 6 2
ra vi e; Vien donc à mon secours, pren
3 1 2 3 4 3 5 2 1 2 !7,
ma défense en main, Enten mes tri stes cris,
5 3 4 45 6 !5 4 3 2 3 6,
voy ma peine exces si ve, Et preste à ma
7, 1 4 3 5 2 3 !2 1
pri ere une oreille atten ti ve.

1 2.2. 2. 6 4 5 6 t76 5
XXI. **M**On Dieu, mon Dieu, re gar de
6 65 4 3 2 ?1 2 2 2 5
moy, D'où vient que dans l'excés des maux où
3 4 3 4 5 6 ?5 6 7 1. 7 6
je me vois, Tu m'abandonnes à l'o ra ge,
6 7 ?1. 2. 6 6 5 5?4 6 3
Tu t'é loignes lors que mes pleurs, Mes plain-
34 3 2 ?1 6 t7 ?4 5 6 6?5 6
tes, mes soûpirs, par leur tri ste lan ga ge,
2. 2. 1. 7 1. ?1. ?1. 2. 6 6 5
Te font entendre mes douleurs, Te font en-
?43 4 3 2 2
ten dre mes douleurs.

264. 6 3 4 3 2 2. 3. ?1. 2.
XXV. **C**Ontre ces cru els en vi eux, Qui
6 t76 5 4 4 5 3 1. 7 6 ?5 6
noircis sent mon nom à vec tant de licen ce,
2. 1. 7 1. 2. 3. 3. 3. 671.2. 2.
Je t'appel le pour Juge, ô Mo nar que
?1. 2. 2 6 5 4 5 3 4 5 4
des Cieux! Je t'al le gue mon in no cen ce,
4 1. t7 6 3. 4.3. 2. ?1. 2. 65
Et de l'espoir de ton secours, Dans mon
4 5 6 t7 1. 6 4. 3. 2. 2. 2. 1.
adver si té je me nourris toûjours. Et de
t7 6 3. 4.3. 2. ?1.
l'espoir de ton se cours, &c.

* 152 * 5 1. !7 5 !6 3
XXXVI. **T**Oy qui vois d'vn œil plein
?4 5 2 6 6 2. 7 5 6 7 1.
d'en vi e, La gloi re & la po ste ri té
5 5 3 4 5 6 t7 !5 4 1.
De ceux qui si gna lent leur vi e, Par
!6 6 t7 5 ?4 5 5 5 !3 1 4
u ne noire im pi e té, Ne de si re

icy bas, mais la Musique cõtinuera dans le Ciel; & si c'est parmy nous un des Arts liberaux, c'est dans le sejour de la gloire, un Art Angelique, un hommage de l'Eternel, l'occupation des Saints, & le triomphe des Bienheureux. *C'est aussi dans cette pensée qu'il y a eu plusieurs personnes tres-judicieuses qui ont crû, que cette Methode receuë, on ne pourroit commencer par un Ouvrage qui fust plus utile, particulieremẽt aux Communautez où l'on éleve la Jeunesse à la pieté, & aux bonnes mœurs, qu'en donnant en un seul volume, tous les Pseaumes entiers, de cette mesme Traduction; & mettant la premiere Stance de chacun ou en simple Contre-point, comme sont ces deux premiers, ou en Musique figurée, avec toutes les Parties: Ce sera la premiere chose qu'on a aussi dessein d'executer, s'il plaist à Dieu de benir ce travail. Il n'y a point en effet de Chant, comme on a môtré ailleurs, qui fust plus édifiant, ny qui dust estre plus frequent dans la bouche des Catholiques que celuy-là.* Cibus in ore, *dit S. Bernard,* Psalmus in corde sapit. Tantùm illum tenere non negligat fidelis & prudens anima quibusdã dentibus intelligentiæ suæ: ne si forte integrũ glutiat & non mansum, frustretur palatum sapore desiderabili & dulciori super mel & favum.

4 6 7 1. !7 6 7 5 1. 6
pas cet te pom pe; De qui le vain lu-
!5 4 !3 2 4 5 6 !5 3
stre te trom pe, Crains plû tost leur fu-
4 4 !3 1. 6 t7 5 ?4 5 6
ne ste sort; Fuy leurs de te sta bles ma-
t7 6 6 6 7 1. 5 6 5
xi mes; Ne mar che pas comme eux dans
!4 3 4 5 !3 2 5 5 1. !7 6
le che min des cri mes; Il est se mé de
?5 6 5 3 !2 1 1
fleurs, mais il meine à la mort.

5 1.6. L 1. 6 7 1. 5. 3. 4. 2. 1.
XLI. LE Cerf qu'une meute inhumaine
4. 5. 3. ?4. 5. 7 1. 2. 2.
Poursuit par les monts & les bois, Lors
2. 6 6 t7 6 5 5 5. 5. 6. 4.
qu'il est re duit aux abbois, A vecque moins
3. 3. 4.3. 2. 2. 2. 3. 1. 7 5
d'ardeur de si re une fontai ne, Qu'en
1. 7 1. 2. 3. 3. 3. 4. 3. 2. 2.
l'estat où je suis, Ar bi tre de mes jours,
5. 3. 1. 2. 3. 3. ?4. 5. 1. 7 5 67
Je ne de si re ton secours, Je ne de si-
1. 1. 7 1.
re ton secours.

1 2.3. G 2. 2. 1. 1. t7 6 t76
L. GRand Dieu pre ste l'o reille à
5 ?4 5 6 t7 6 654 4 3 43 2
mes tri stes demandes, Lais se toy fléchir
2 3 2?1 3 3 4 5 3 4 3
à mes pleurs, Et sur le plus grand des pe-
3 6 5 4 5 6 t7 1. 6 2.
cheurs, Fais re luire aujourd'huy tes graces
71. ?1. 2. ?1 2. 65 4 4 3 2 5 3
les plus grandes, De ses sa les desirs purge
1. 7 6 ?5 6 6 t7 5 6 ?4 5
ma vo lon té, Sur l'e stat où je suis jette
6 ?1 2 3 4 3 3. 3. 7 1. 7 6
un re gard propi ce; Et sans con si de rer
2. 1. 7 ?1. 2. 2. ?1.2. 6 7 1. 4
ce que peut ta ju sti ce, Re garde seu-
4 3 4 ?4 543 43 2 2
lement ce que peut ta bonté.

a *Air devot & nouveau, d'un Catechisme, où les principales veritez de la Foy & de la Morale Chrétienne, sont expliquées par Cantiques; & qui a esté imprimé par l'ordre d'un tres-pieux & tres-digne Prelat.* M. de Chaalons.

5 1.5. J 1. 2. !7 5 1. 3. 4. 5. 1.
CXX. JE re gar de de tou tes parts, Qui
4. 3. 2. 3. 1. 2. !7 1. 1. 6 2.
me peut sauver des hazars D'u ne longue &
2. !1. 7 !6 5 2. 2. 3. 1. 6 !7
pe ni ble guer re; Les hommes me trompent
1. 7 5. 3. 4. !2. 1. t7 6 t7 6
toûjours, Le Dieu du Ciel & de la ter re
2. !7 1. 2. 3. !2. 1. 1.
M'est seul fi del en son secours.

363. C 6 3 6 ?5 ?5 6 1. !7
CXXIV. CEux qui sans se fi er à leur
5 6 5 !4 3 1. 6 6 7 1. 2.
propre pruden ce, Prennent pour leur appuy
2. 2. 3. !2. 1. !7 7 1. 5 6
la di vi ne bon té, Font de tous leurs
7 ?5 3. 3. 2. 3. 1. !2. 1. 7 5
malheurs tri ompher leur constan ce, Et le
1. 1. 2. 3. 2. 7 1. !7 6 6
mont de Si on a moins de fer me té.

7,5 1. T 5 1. !6 5 6 3 ?4 5
CXXVI. TOy qui ba stis sant un Pa lais,
5 5 3 6 5 6 1. !7 5 6 4
Pour en mieux sou te nir le faix, Jet tes les
!3 2 2 4 5 !3 2 3 1 !7. 5
fon demens jusqu'au sein de la ter re, Si
5 4 3 6 ?5 6 7 1. 6 6 !5
le Seigneur n'en est l'appuy, Bien tost ce riche
3 4 5 3 6 ?4 5 5!4 5 6 6
amas d'argent, d'or & de pier re, A pei-
1. !7 5 6 4 5 3 !2 1 1
ne lais se ra quelque tra ce de luy.

221. D 2 5 3 43 2 5 4 4!3
DEM. D*It tes, sans l'ou bli er ja mais,*
5 6 7 1. 7 !6 5 5
Pour quelle fin Dieu nous a faits? a
R. D 2 5 3 43 2 5 3 4!3 2
Ieu nous a faits pour le connai stre,
5 6 7 1. 7 !6 5 5
Pour l'aymer & pour le servir:
1. 6 t7 5 3 4 5 6!5 4
Et c'est pour cet u ni que Mai stre
!3 4 5 56 4 4!3 2 2
Que nous de vons vivre & mourir.

SUR LES VICTOIRES ET SUR LES HEROIQUES VERTUS DU ROY.

252. A 5 3 1. 7 6 7 1. !2. 1. 5 5 6 6 7 7 1. !6 5 2.
XX. APRES tant d'il lustres merveil les, Et tant de graces nom pa reil les, Grand
Par ta fa veur in com pa ra ble, Il voit en ce jour me mo ra ble Sa
2. 5 5 6 ?4 5 3 4 !3 2 2 2. 2. 1. 7 1. 6 7 1. 3 3
Dieu, que nostre Roy te doit bien a do rer! Qu'il est bien ju ste qu'il se noy e Dans
pri ere é cou tée & nos vœux sa tis faits; Pour luy tes bontez sont si grandes, Qu'el-
2 1 1. 7 6 5 5?4 5 6 7 1. 7 1. 2. 2. 7 1. !1. 7 1.
l'ex cés d'u ne sain te joy e, Et qu'on vienne à l'en vy son tri omphe ho no rer!
les previen nent ses de man des, De mes me que tes dons sur pas sent ses sou haits.

MUSIQUE. b

* * * *VACAT.* * * *

Voiy seulement une idée grossiere de ses Mesures, comme on a dessein de les marquer.

Vivĕ, vălĕ; sī quid nŏvistī rectĭus istis,
Candĭdus impĕrtī: sī nōn, hīs ūtĕrĕ mēcum.

b *On a jugé à propos de n'y pas toucher, qu'on n'eust des caracteres propres.*

DE LA MANIERE OU METHODE DE CHANTER.

APrés avoir donné PEU DE PRECEPTES ET BEAUCOUP D'EXEMPLES de Chant, il ne reste plus pour mettre fin à cet Essay, que de donner une idée facile de la maniere de chanter. La voicy en quatre paroles, afin qu'on ne l'oublie pas: IL FAUT CHANTER COMME L'ON MARCHE, ou pour mieux dire, comme l'on doit marcher. Cette proposition passera pour un paradoxe dans l'esprit de plusieurs; mais qu'elle en soit un ou qu'elle ne le soit pas, l'on a crû qu'on devoit s'en servir afin de frapper plus vivement, & de se rendre plus intelligible: & dans le fond, il seroit peut-estre difficile de pouvoir mieux representer quel doit estre le port & la conduite de la Voix, que par le port & par la conduite du corps, qui ne paroissent jamais davantage que dans l'action de marcher. Ces deux choses ont en effet, leurs laideurs & leurs beautez communes: On marche d'une maniere agreable, avec gravité, avec majesté, avec bien-seance & modestie, on chante de mesme; On marche d'une maniere indecente, brusquement, lourdement, negligemment, à l'étourdy, on chante encore de mesme; si bien qu'il se trouve un parfait rapport entre les perfections & les défauts de la voix, & les perfections & les défauts du marcher, entre les pas & les Sons, & partant il est visible que l'un peut bien estre la regle de l'autre.

On n'est pas d'une profession à devoir marquer cela exactement, ny en détail; on l'apprendra mieux de ceux qui sçavent & qui enseignent la politesse, l'air du beau monde, la maniere de vivre parmy les Grands, le secret de plaire, &c. mais on peut dire en general; Que si l'on marche d'un pas & d'un air affeté on ne marche pas bien: Toute affeterie dans quoy que ce puisse estre, & dans quelque sujet qu'elle se rencontre, est une qualité tres-vicieuse, & outre qu'elle marque une grande foiblesse de jugement, elle est encore l'indice d'un esprit qui ne presume pas peu de soy-mesme; en un mot, elle est digne du mépris & de la risée qu'elle s'attire. Si l'on marche trop gravement, & comme en contant ses pas, ou au contraire, si l'on marche avec trop de precipitation & de vitesse, on ne marche pas bien: Si l'on est inégal ou dereglé dans son marcher, qu'on aille tantost

* *Cecy s'adresse particulieremẽt aux Jeunes, qui doivent regler non seulement leur voix, mais encore toutes leurs actions, par la modestie & par la pudeur,* Quæ cũ sit omnibus ætatibus, personis, temporibus & locis apta, tamen adolescentes juvenilesque annos maxime decet. *S. Amb. de qui sont ces paroles, leur en fait une belle leçon au 1 livre de ses Offices, dont voicy quelques Fragmens, qui confirment ce que l'on a étably dans ce Discours, & qui peuvent estre utiles à ceux qui voudront en profiter. Il dit,* Ipsum vocis sonũ libret modestia. Denique in ipso canendi genere, prima disciplina verecundia est, immò etiam in omni usu loquendi; ut sensim quis aut psallere, aut canere, aut postremò loqui incipiat, ut verecunda principia commendent processũ. Vox ipsa non remissa, non fracta, nihil fœmineum so-

lentement & tantost viste; si l'on va d'une maniere rustique, traisnant ses pas, s'agittant indecemment, ou tenant quelque autre posture desagreable & difforme; si enfin l'on est sujet à broncher, ou qu'on se laisse tomber à chaque pas que l'on fait, on marche mal. Ceux qui forment la Jeunesse & qui font leçon de civilité, disent; Que pour bien marcher, il faut estre moderé dans ses pas, & garder une parfaite honesteté & bienseance dans tout le maintien du corps; Qu'on doit tenir la teste & le corps droits, avoir les yeux modestement abaissez, & tout l'exterieur bien composé: Que les pas ne doivent estre ny trop precipitez ny trop lents, ny languissans ny effeminez, ny étudiez ny contraints, mais naturels & soûtenus, masles, libres, dégagez, sans art, ou au moins sans qu'il paroisse qu'il y en ait, (car le grand secret de l'Art est de sçavoir bien cacher l'Art) & enfin accompagnez d'un certain air noble & majestueux, qui ne marque pas neanmoins de mépris, mais qui témoigne ou une heureuse naissance ou une plus heureuse éducation. Pour bien chanter, il faut se comporter de mesme; cela ne sera pas difficile à ceux qui ont receu de la nature l'inflexion de la voix & la docilité d'esprit: les autres à qui Elle n'a pas esté si liberale, y pourront trouver quelque difficulté, mais qui ne doit pas les rebuter, car on vient à bout de tout avec le temps & la patience.

Si l'on chante en Chœur, il faut faire ce que fait une armée, ou ce que font des escadrons qui marchent en ordre de bataille, *ut castrorum acies ordinata.* Aucun Capitaine ny Soldat ne quitte ses rangs, on ne voit pas un pied qui passe l'autre, tous avancent, tous font alte en mesme tems; s'il faut poser bas les armes, s'il les faut reprendre, &c. tout cela se fait par des actions si uniformes & par des mouvemens si justes & si bien reglez, qu'il est fort aisé de juger, que tous sont soûmis à un mesme Chef, & suivent le mesme commandement. Ainsi, & à plus forte raison, dans l'Eglise, on doit faire voir par une pieuse émulation, & par une conduite édifiante & toute sainte, que l'on y sert un mesme Dieu, & qu'on est animé d'un mesme esprit, *una sit fides mentium & pietas actionum.*

Si l'on chante Musique, & qu'on chante seul, l'on peut imiter une personne qui marche en cadence, ou qui danse au son d'un Instrument. Elle ne fait presque point deux pas de suite qui se ressemblent, tous sont inégaux; les uns sont vistes & legers, les autres lents & graves, les uns plus animez, les autres plus tranquilles, suivant la vitesse, la gravité, & la chûte des Sons: & neanmoins tous sont si bien proportionnez & si bien compassez, tous sont faits si à propos & de si belle grace, que les yeux sont charmez

nans, qualem multi gravitatis specie simulare consuerunt, sed formam quandam & regulam ac succum virilem reservans. Sed ut molliculum & infractum aut vocis sonum, aut gestum corporis non probo, ita neque agreste ac rusticum. Naturam imitemur. *De plus,*

Est etiam in ipso motu, gestu, incessu, tenenda verecundia. Habitus enim mentis, in corporis statu cernitur. Hinc, &c.

Et S. Cyprien au Traité, De oratione Dominica.

Sit autem orantibus sermo & precatio cum disciplina, quietem continens & pudorem. Cogitemus nos sub conspectu Dei stare: placendum est divinis oculis & habitu corporis, & modo vocis: Nam ut impudentis est clamoribus strepere, ita contra congruit verecundo modestis precibus orare.

Voyez aussi S. Bernard, qui parle de cette vertu admirablement dans son 86. & dernier Ser. sur les Cantiques.

charmez de voir la justesse & la proportion de ces pas, comme le sont les oreilles d'entendre le chant & les roulades d'une belle voix.

Si l'on chante en partie, c'est presque la mesme chose, excepté qu'on doit estre bien plus exact, & qu'il n'y a pas tant de liberté à prendre. Il faut faire ce que font ceux qui dansent dans les ballets, regler sa voix comme ils reglent leurs pas, estre attentif à la mesure comme ils le sont à la cadence & aux Sons, prester l'oreille à toutes les voix, & sur tout estre de bonne intelligence avec la sienne : de mesme que ceux-là s'étudient principalement à bien regler tous leurs pas, & ne laissent point cependant de jetter de moment à autre, les yeux sur les pas de ceux qui dansent avec eux, afin de s'y conformer ; Et tout cela dans le dessein de plaire aux yeux des spectateurs. On doit encore faire la mesme chose dans l'Eglise, mais avec des sentimens d'autant plus relevez & plus purs, que les yeux qui nous regardent sont infiniment plus dignes & plus aimables ; *Dum canticis spiritualibus sacra tecta resultant*, dit le devot P. saint Bernard, *nil supernis civibus magis spectare libet*, *nil Regi summo jucundius exhibetur.* Et en effet, ce seroit convertir la medecine & la nourriture en poison, manquer criminellement de respect, & profaner la sainteté du lieu, que d'y chanter pour plaire au monde ; * on ne doit porter ses pensées qu'à y plaire uniquement à Dieu, *ibi fixa sint corda, ubi vera sunt gaudia.*

Mais l'on s'est engagé insensiblement en une comparaison, qu'on blasmeroit dans les autres : car *quelle union peut-il y avoir entre* JESUS CHRIST *& Belial? quelle societé entre le Temple de Dieu & des idoles?* & quel rapport entre ce qui se chante dans l'Eglise, & ce qui se passe sur les Theatres? Laissons donc cette similitude monstrueuse & profane, & ne prenons pour guide dans tout ce qui concerne l'Eglise, que les Peres mesmes de l'Eglise. Entre une infinité d'autres avantages, ils ont celuy-cy, qu'ils n'enseignent jamais à composer l'homme exterieur, qu'ils n'apprennent en mesme tems, comment l'on doit former l'homme interieur. Hé! que seroit l'un sans l'autre? sinon un corps sans ame, ou pour se servir des paroles de l'Evangile, *un sepulchre blanchy, qui au dehors paroist beau, mais qui au dedans est plein d'ossemens de morts, & de toute sorte de pourriture?* Pour trouver ce guide fidelle que nous cherchons, il n'est pas besoin de remonter au delà du douziéme siecle. S. Bernard qui en a esté la lumiere & l'ornement, & qui le sera toûjours de l'Eglise, nous a laissé, entre autres monumens, deux excellens modeles du portrait que nous desirons tirer, il ne faut que les suivre.

* *Il y a encore un autre defaut qui se peut rencontrer dans le Chant de l'Eglise, lequel defaut est d'autant plus dangereux que l'on s'en apperçoit moins & que l'on ne croit pas en estre coupable ; c'est que plusieurs s'attachent davantage à la beauté & à la douceur de l'harmonie, qu'ils ne font au sens & & à l'onction des paroles, plus à la chair qu'à l'esprit, à la terre qu'au ciel.* S. Augustin au 10. l. de ses Conf. c. 33. *aprés avoir reconnû que la coûtume de chanter a esté saintement établie dans l'Eglise,* Magnam instituti hujus utilitatem rursus agnosco, *& qu'on doit l'y conserver, afin que par le plaisir qui touche l'oreille, l'esprit encore foible s'éleve dans les sentimens de la pieté :* ut per oblectamenta aurium, infirmior animus in affectum pietatis assurgat. *s'accuse à Dieu d'estre quelquefois tombé dans ce defaut :* Tamen cum mihi accidit, ut me am-

Le premier eſt au 47. Sermon ſur les Cantiques, qu'il finit par ces belles paroles, qu'on donnera icy dans la pureté de leur ſource, afin qu'elles ne perdent rien de leur grace ny de leur force; ceux qui ne les entendent pas pourront ſe les faire expliquer. *Et hæc dicta ſint* (dit ce ſaint Docteur) *pro eo quod ſponſus ſe florem campi, & lilium eſſe convallium proteſtatus eſt. Iam etiam quid de ſua conſequenter chariſſima proteſtetur, bonum eſſet audire, ſed hora non patitur: Ex Regula namque noſtra, nihil OPERI DEI præponere licet. Quo quidem nomine, laudum ſolemnia, quæ Deo in Oratorio quotidie perſolvuntur, Pater Benedictus ideò voluit appellare, ut ex hoc clariùs aperiret, quàm nos OPERI ILLI vellet eſſe intentos. Vnde vos moneo, dilectiſſimi, purè ſemper ac ſtrenuè divinis intereſſe laudibus.* Strenuè *quidem, ut ſicut reverenter, ita & alacriter Domino aſſiſtatis. Non pigri, non ſomnolenti, non oſcitantes, non parcentes vocibus, non præcidentes verba dimidia, non integra tranſilientes, non fractis & remiſſis vocibus muliebre quiddam balba de nare ſonantes, ſed virili (ut dignum eſt) & ſonitu & affectu, voces ſancti Spiritus depromentes.* Purè *verò, ut nihil aliud dum pſallitis quàm quod pſallitis cogitetis. Nec ſolas dico vitandas cogitationes vanas & otioſas; vitandæ ſunt & illæ, illâ duntaxat horâ, & illo loco, quas Officiales Fratres pro communi neceſſitate quaſi neceſſariò frequenter admittere compelluntur. Sed ne illa quidem profectò recipere tunc conſuluerim quæ fortè paulò antè in clauſtro ſedentes in codicibus legeratis, qualia & nunc me vivâ voce diſſerente, ex hoc auditorio Spiritus ſancti recentia reportatis. Salubria ſunt, ſed minimè illa ſalubriter inter pſallendum revolvitis; Spiritus enim ſanctus illâ horâ gratum non recipit, quicquid aliud quàm debes, neglecto eo quod debes, obtuleris.*

Le ſecond eſt dans la 312. de ſes Epiſtres, où il dit, avec un poids & une éloquence pareille; *Cantus ipſe ſi fuerit, plenus ſit gravitate, nec laſciviam reſonet, nec ruſticitatem. Sic ſuavis, ut non ſit levis: Sic mulceat aures, ut moveat corda. Triſtitiam levet; iram mitiget; ſenſum litteræ non evacuet, ſed fœcundet. Non eſt levis jactura gratiæ ſpiritualis, levitate cantus abduci à ſenſuum utilitate; & plus ſinuandis intendere vocibus, quàm inſinuandis rebus. En qualia oportet eſſe quæ in audientiam Eccleſiæ veniunt,* [*qualemve horum auctorem.*] Ces dernieres paroles nous donnent lieu de reprendre cette Lettre dés ſon commencement, & d'en rapporter les propres termes, qui peuvent ſervir d'une excellente regle, à pluſieurs Communautez Eccleſiaſtiques & Religieuſes, pour ce qui regarde leurs Offices nouveaux & particuliers; & qui doivent en meſme tems faire rougir certains preſomptueux, qui ſe perſuadant fauſſement, qu'il eſt de l'Office de l'Egliſe comme d'une amplification de Claſſe, de ſes Hymnes & de ſes Cantiques, comme d'un

plius cantus, quam res quæ canitur, moveat, pœnaliter me peccare confiteor: & tunc mallem non audire cantantem.

S. Cyprien au lieu cy-deſſus allegué, reprend ce meſme abus, ou un autre encore plus criminel, avec beaucoup de ſeverité: Quando in unum cum fratribus convenimus, & ſacrificia divina cum Dei ſacerdote celebramus, verecundiæ & diſciplinæ memores eſſe debemus: Non paſſim ventilare preces noſtras inconditis vocibus; nec petitionem cōmendandam modeſte Deo, tumultuoſa loquacitate jactare. Quia Deus non vocis, ſed cordis auditor eſt. Nec admonendus eſt clamoribus, qui cogitationes hominum videt.

Saint Ierôme écrivant ſur S. Paul, ne ſe montre pas moins ſevere en cela. Et canere, *dit-il*, & pſallere & laudare Dominū, magis animo quàm voce debemus. Hoc eſt quippe quod

Epigramme, d'une Pastorelle, ou d'un Madrigal, ont la temerité d'y vouloir faire recevoir & lire publiquement, comme matiere de Religion & de mœurs, des ouvrages qui sortent de leur teste, grossis & enflez de quantité de rencontres de Grammaire, d'allusions froides, & de pointes pueriles & pitoyables; ne considerant pas, que tout cela est indigne de la sainteté & de la majesté de l'Eglise. Voicy les termes de cette Lettre: *Petis charissime mihi Guido Abbas, & tecum pariter qui tecum sunt fratres, dictare me aliqua vobis legenda solemniter, vel canenda in solemnitate sancti Victoris, cujus apud vos corpus sacratissimum requiescit. Cunctanti instas, dissimulantem urges, meam etsi justam verecundiam dissimulans ipse: Adhibes mihi & alios precatores, quasi sit aliquid ad inclinandum me tuæ voluntati, tuâ ipsâ voluntate cogentius. Verùm tu vel proprio judicio consulens, cogitare debueras non affectum erga me tuum, sed meum in Ecclesia locum. Sanè altitudo negotii non amicum desiderat, sed eruditum, sed dignum; cujus auctoritas potior, vita sanctior, stylus maturior & opus illustret, & consonet sanctitati. Quantulus ego in populo Christiano, cujus litteræ in Ecclesiis lectitentur? Aut quantula mihi ingenii eloquiive facultas, ut à me potissimùm festiva & plausibilia requirantur?... Non quòd glorificatos ab Angelis, homines jam laudare non audeant: sed quia in solemnitate celebri non novella audiri decet vel levia, sed certè authentica & antiqua, quæ & Ecclesiam ædificent, & Ecclesiasticam redoleant gravitatem. Quòd si nova audire libet, & causa requirit: ea, ut dixi, recipienda censuerim, quæ cordibus audientium quò gratiora, eò utiliora reddat & eloquii dignitas & auctoris. Porrò sensa indubitatâ resplendeant veritate, sonent justitiam, humilitatem suadeant, doceant æquitatem; quæ etiam lumen veritatis mentibus pariant, formam moribus, crucem vitiis, affectibus devotionem, sensibus disciplinam... Nunquid talis ego, aut talia quæ paravi? Et tamen de paupertate mea te pulsante, te inquietante, etsi non quia amicus es, certè ob tuam importunitatem surgens, juxta verbum Domini, præstiti quod petisti.... Servatâ antiquorum veritate scriptorum, quæ tu mihi transmiseras, de vita Sancti duos Sermones dictavi qualicumque sermone meo: illud quantum potui cavens, ut nec brevitas obscuros, nec prolixitas redderet onerosos. Deinde quod ad cantum spectat, hymnum composui, metri negligens, ut sensui non deessem.*

Et enfin il acheve cette Lettre par des paroles qu'on prend la liberté de s'appliquer, & qu'on adresse à tous ceux qui pourront voir & tirer quelque profit du peu d'Instructions qu'on a données dans cet Essay: *Et pro his omnibus mercedem flagito, sequor retributionem. Quidni sequar? Sive placeant, sive non, mea non refert:* QVI QVOD HABVI DEDI. *Ergò merces mea, oratio vestra.*

dicitur: *Cantantes & psallentes in cordibus vestris Domino.* Audiant hæc adolescentuli, audiant hi quibus psallendi in Ecclesia officium est, Deo non voce sed corde psallendum, nec in tragædorum modum guttur & fauces dulci medicamine collinēdas, ut in Ecclesia theatrales moduli audiantur, & cantica, sed in timore, in opere, in scientia scripturarum.

S. Gregoire dans ses Morales sur Iob, lib. 22. c. 13. *en rend cette raison;* Vera quippe postulatio non in oris est vocibus, sed in cogitationibus cordis. Valentiores namque voces apud secretissimas aures Dei non faciunt verba nostra, sed desideria. Æternam etenim vitam si ore petimus, nec tamen corde desideramus, clamantes tacemus. Si vero desideramus ex corde, etiam cum ore conticescimus, tacentes clamamus. *Et Saint Aug.* De orando Deum ad Probam. *en apporte une semblable:* Nã

Pour les autres qui n'en auront pas besoin, ou qui croiront avoir droit de les mépriser, soit parce qu'elles ne tomberont peut-estre pas entierement à leur sens, soit parce qu'ils en peuvent donner de meilleures, on se contente de leur dire ce que ce Saint a dit en une autre occasion : *Si vultis vos amovere [eas,] potestatem habetis. Non obsisto, non me oppono torrenti. Iniquè non egi. Si insipienter videor, in promptu est vobis insipientiam meam corrigere, aut si hoc dignius judicatis, etiam & punire. Dico tamen, si piè, si Christianè mecum agitur, corripiet me justus in misericordia, & increpabit me:* oleum autem peccatoris non impinguet caput meum.

AV LECTEVR.

CE ne seront point tous les raisonnemens qu'on pourroit faire pour établir ou pour appuyer cette Methode, qui la feront recevoir : ce ne seront point aussi les objections qu'on pourra apporter pour la combattre, qui empescheront qu'elle ne soit receuë. C'est à l'experience seule qu'il appartient d'en decider, & d'en juger souverainement. Si l'on voit que cette Invention ne facilite & n'abrege pas l'Art de Chanter, ainsi qu'on l'avoit promis, elle sera sans doute rejettée, & avec raison ; si au contraire, l'on trouve qu'elle fait avantageusement tous les deux, & qu'elle n'a point excedé dans ses promesses, il y a toutes les apparences qu'elle sera receuë. On se porte facilement à ce qui exemte de peine, & il est doux d'acquerir sans beaucoup de traverses, un bien qui nous est ou avantageux ou necessaire. Lors qu'un homme est pressé de la faim & de la soif, il faudroit estre extrémement dépourveu de raison pour croire, qu'on fait une chose qui luy est onereuse & desagreable, & qu'on s'expose à en estre mal receu, lors qu'on tâche de le soulager, & qu'on luy presente tout preparez les alimens qui peuvent luy servir de remede, & appaiser l'une & l'autre. On est convaincu au contraire, que comme il n'est point necessaire d'user de violence, ny d'employer d'artifices pour obliger cet homme à manger, de mesme il seroit inutile de chercher des figures, & de se servir de raisonnemens pour luy persuader qu'il doit s'en abstenir.

Pour ne parler icy qu'en general, il y a une infinité de lieux où les Eglises ont besoin de Livres, les Fideles de plus d'édification, l'Office divin d'estre mieux fait : Et dans la plufpart des Paroisses de la campagne, (si ce n'est pas en France, c'est ailleurs, ou plustost c'est en France & ailleurs,) il n'y a ny Livres de Chant, ny science de Chant, ny ordre de Chant ; Et bien plus, il ne s'y voit ny Maistres qui puissent l'enseigner, ny personne qui veüille

plerumque hoc negotium plus gemitibus, quã sermonibus agitur; plus fletu quam affatu : & qui omnia per verbum condidit, humana verba non quærit.

S. Bernard enfin donnant tout à l'amour, dit dans le mesme sens au Sermon 67 sur les Cantiques. Habent suas voces affectus per quas se etiam cum nolunt, produnt. Flagrans ac vehemens amor præsertim divinus, cum se intra se cohibere non valet, non attendit quo ordine, qua lege, quave serie seu paucitate verborũ ebulliat, dummodo ex hoc nullum sui sentiat detrimentum. Interdum nec verba requirit, interdum nec voces omninò ullas, solis adhoc contentus suspiriis.

Et à toutes ces Voix un Echo répond :

NON CLAMOR SED AMOR, NON CLAMANS SED AMANS, SONANT IN AURE DEI.

se resoudre, ny beaucoup moins s'assujettir à l'apprendre, à cause des difficultez, des embarras, & des longueurs invincibles qui s'y trouvent. D'où il arrive par une fâcheuse & inévitable necessité, que si le service Divin n'y est pas entierement omis, il y est au moins fort souvent tronqué & peu solemnellement celebré, dans les jours mesmes les plus solemnels. Les Chœurs y sont deserts & ont besoin de voix, les voix ont necessité de Maistres, & les Maistres manquent de methode, & d'une methode facile. Enfin le temps est precieux, *Ars longa, vita brevis:* celuy de l'enfance s'écoule aussi bien que l'autre; mais avec cette difference, qu'en s'écoulant il se perd tout à fait, & que dans un âge plus avancé l'on en sauve au moins ce que l'on peut, & l'on ne perd pas tout. Il seroit donc grandement à souhaitter, & pour le service de l'Eglise, (où il est honteux de voir, que la plusspart non seulement des enfans, mais des hommes, & des hommes faits, & des hommes d'esprit, ne sçavent le plus souvent à quoy s'y occuper, encore qu'ils n'y fassent pas longue demeure,) & pour le contentement des Peres & des Meres: en un mot, tant pour l'utilité particuliere de la Jeunesse,[a] que pour la satisfaction de tout le monde,[b] qu'on eut trouvé un moyen pour faire employer utilement le tems dans ce premier âge,[c] où la raison ne fait que se former; & où l'on n'est point encore capable de s'appliquer à des choses serieuses & importantes. On n'en connoist point de plus propre ny qui s'accorde mieux avec les Lettres, que l'étude de la Musique,[d] puis qu'il n'y en a point de plus divertissant, ny de plus innocent: Et l'on n'en voit point toutefois qui soit plus negligé, parce qu'il n'y en a point qui soit plus obscur, ny plus difficile à vaincre.[e]

Voilà la faim, voilà la soif, voilà le mal; & si l'on ne se trompe, ce que l'on presente icy dans l'esperance de les soulager, en doit estre l'unique remede. SI EMIS, NON MAGNI; SI DISCUTIS, NON PARVI PRETII EST.* [f]

* Ce n'est pas qu'on ne soit autant ou plus persuadé qu'aucun, du peu d'estime que merite cette Invention considerée en soy; & qu'on ne sçache assez, que cinq ou six Chiffres dispósez d'une maniere ou d'une autre, ne sont pas un grand fond de vanité, ny un sujet de s'en faire beaucoup accroire: mais c'est qu'on la regarde icy par rapport à son objet & à sa fin, & que l'on ne doute aucunement, que si elle peut avoir le bonheur de contribuer en quelque maniere à la gloire de Dieu, au service de l'Eglise, à l'édification des Fideles, & à l'utilité du Public, cela ne releve infiniment sa bassesse, & ne luy donne vn prix & des avantages, qu'autrement elle n'oseroit jamais esperer, ny son Auteur se promettre.

Au reste, ceux qui auront pris la peine de lire cet Essay, y auront esté surpris particulierement de deux choses, touchant lesquelles on doit s'excuser, & les satisfaire. La premiere, de ce que l'on a fait tant d'additions ou de notes, en marge, contre la coûtume ordinaire des autres Livres. La seconde, de ce que l'on n'a pas mieux justifié ou compassé les Nombres, qui font le sujet principal de celuy-cy; ce qui y auroit, sans doute, apporté plus de clarté & plus de grace, & mesme en auroit facilité davantage la pratique.

a *Adeò in teneris consuescere multum est.* Virg.

b Cantica verò divina cantare, etiam manibus operantes facile possunt, & ipsum laborem tanquam divino celeûmate consolari. An ignoramus opifices quibus vanitatibus & plerûque etiam turpitudinibus theatricarum fabularum donent corda & linguas suas, cum manus ab opere non recedant? Quid ergo impedit servum Dei manibus operantem *in lege Domini meditari, & psallere nomini Domini altissimi?* Aug. *lib. de opere monach. c.* 17.

c Utendum est ætate, cito pede labitur ætas: Nec bona tàm sequitur, quàm bona prima fuit. *Ovid.*

d Adde quòd ingenuas didicisse fideliter Artes, Emollit mores, nec sinit esse feros. *Idem.*

e Revera crux & tortura ingeniorum tenellorum. *David Mostart.*

f *Turtur.* Turturis vox non dulce admodùm sonat, sed signat dulcia *S. Bern sup. Cantic. Ser.* 59.

Pour les additions, ce sont des pensées qui sont venuës aprés coup, & dont on a mieux aimé charger les marges que de les ômettre tout à fait, parce que l'on a jugé qu'elles contenoient quelque utilité, & que cela devoit les rendre supportables, pour le moins dans un Essay. On a cité des passages que l'on a crû estre édifians, & on ne les a point traduits, à cause qu'on s'estoit resserré dans de certaines bornes qu'il auroit fallu necessairement passer : joint qu'on n'y parle gueres qu'aux gens du mestier, c'est à dire, qu'aux Ecclesiastiques, ou à d'autres personnes qui les entendent assez sans traduction.

Quant à la justesse & à l'exactitude qu'il faudroit dans les Nombres; Si l'on eust pû estre Auteur & Imprimeur tout à la fois, avoir autant de tems en sa disposition que l'on en avoit peu, & faire que les Ouvriers eussent pû donner un Chef-d'œuvre en faisant leur premier Essay eux-mesmes, l'on auroit icy une grande partie de ce qui y manque,* & que l'on a raison d'y souhaitter : mais nul n'est parfait du premier coup, & un seul homme ne sçauroit tout faire, NON OMNIA POSSUMUS OMNES.

** C'est un bonheur qu'il ne s'y soit pas fait de plus grandes fautes. On n'en a remarqué dans le Chant des Messes, pour lequel on craignoit le plus, que quatre essentielles, ou qui changét le ton naturel; il est aisé de les corriger avec la plume. Dans la Quatriéme M. pag. 38. colon. 1. ascendit, il faut 6 au lieu de 4 Colon. 2. gloria, il faut 3 au lieu de 5: Et dans la Sixiéme, pag. 40. col. 2. de cœlis, il faut 5 au lieu d'1 Et plus bas, Virgine, il faut 2 au lieu de 4. Il y a aussi 3. ou 4. Nombres où il ne faut pas de Point; On doit l'oster, pag. 34. col. 1. Filius Patris d'aprés 2 Col. 2. facta sunt, d'aprés 2: Et pag 39. col. 1. nobis. Quo- d'aprés 1 Et plus bas, terræ, d'aprés 1 encore. Il y en a quelques autres, où les Points n'ont pas porté, & qu'il y faut mettre. p. 34. col 1. Factorem, aprés 2. Col. 2. Maria, aprés 2. Et plus bas, vivificantem, aprés 2.*

DE L'HARMONIQUE.

ON a aussi trouvé un Instrument qu'on nomme un HARMONIQUE; *lequel est comme une Methode sensible qui fixe agreablement l'imagination, & pour ainsi dire, qui fait entrer le Chant dans l'esprit autant par les yeux que par les oreilles. Cet Instrument sera tres-utile pour toutes les personnes qui desirent apprendre cet Art, au jugement de ceux qui en ont veu le dessein, & qui ne l'ont pas moins estimé que l'Invention de la Methode. Il n'est gueres plus grand que la Table d'une montre, ou qu'une de ces medailles antiques, & on peut ou le graver ou le frapper de mesme. Il est à deux faces, & sur ces deux faces, il contient en petit volume, tout ce qu'il y a d'essentiel & de plus beau dans l'Art. Il donne une ouverture & une facilité tres-grande pour apprendre le Plein-Chant & la Musique. Il exempte ceux qui commencent de l'embarras des Livres, & est fort propre pour les personnes delicates, qui n'aiment pas beaucoup ny la fatigue, ny ce qui peut gesner. On le tient dans la main, on se promene, & en se promenant on s'exerce à chanter & à repeter dessus ce que l'on veut, & un Maistre y enseigne, ne faisant que se divertir, les premiers Elemens de l'Art, & l'Intonation de toutes sortes d'Airs, suivant cette Methode; lesquels s'impriment par ce moyen bien plus nettement dans l'esprit, & qu'on retient beaucoup mieux. Mais ce que l'on estime davantage en cet Instrument; c'est qu'il n'y a rien de plus simple, & qu'on prétend que lors qu'on se le sera rendu familier, ce qui n'est point difficile, il en resultera deux choses, qui pour le moins seront tres-curieuses, si elles ne sont pas tres-utiles.*

La premiere est, que si l'on entend quelqu'un chanter, & qu'on arreste les yeux sur cét Instrument, on y suit aussi-tost cette voix à la piste, & pourveu qu'on en entende distinctement tous les Sons, on peut noter facilement tout ce qu'elle chante.

Cecy ne doit pas paroistre incroyable à quiconque considerera qu'on remarque exactement sur les lignes d'un Cadran, la course & les decli-

naisons du Soleil, & qu'il y a des Instrumens dans les Mathematiques & dans les Mechaniques, qui ont des effets encore plus surprenans & plus admirables que cela.

La seconde chose que l'on y remarque, est, que lors que l'on veut composer vn Air ou quelque autre Chant que ce soit, on peut choisir sur cet Instrument les Tons & les accords qui plaisent davantage, & qui viennent le mieux au sujet; changer, retrancher, ajoûter, corriger enfin ce que l'on compose, de la maniere que l'on veut, sans neantmoins estre obligé d'y faire ancune rature, (car tout cela se fait avec les yeux & la voix) ny mesme de mettre la main à la plume, si ce n'est lors que l'on trouve la Composition à son gré, & qu'elle est dans l'état où l'on veut qu'elle demeure. Si la Methode est receuë, cet Instrument qui la surpasse & qui la renferme, la suivra de prés: on espere le faire graver & frapper, en mesme temps que les caracteres que l'on medite, & ceux dont on pourra recevoir quelque avis.

CEux qui aimeront à apprendre le Chant par cette Methode, peuvent encore se servir d'un moyen dont on n'a point parlé dans le Discours, lequel est fort seur & fort promt, au moins on le croit ainsi; c'est de faire reduire par Nombres les plus beaux Airs qu'ils sçavent chanter facilement & parfaitement par memoire, (il n'y a personne qui n'en sçache assez,) & les chanter ensuite dans la perfection que l'on suppose qu'ils les sçavent, sur le papier ou sur cet Harmonique, ce qui sera encore plus facile: car comme le propre de ces Signes est de ne point changer, & que la proportion, qui est inseparable des Nombres, est necessairement la mesme, quand les mesmes Nombres se rencontrent, un Air ou un Chant fera apprendre l'autre, indubitablement, & il arrivera, qu'en peu de temps l'on se trouvera insensiblement fort assûré, & mesme universel dans la pratique de cet Art.

FORSAN ET HÆC OLIM MEMINISSE JUVABIT.

PRIVILEGE DV ROY.

LOVIS PAR LA GRACE DE DIEV, ROY DE FRANCE ET DE NAVARRE: A nos amez & feaux, les Gens tenans nos Cours de Parlement, Maistres des Requestes ordinaires de nostre Hostel, Baillifs, Senefchaux, Prevosts, leurs Lieutenans, & autres nos Iusticiers & Officiers qu'il appartiendra, Salut. Nostre cher & bien amé le R. P. IEAN IACQVES SOVHAITTY Religieux de l'Ordre de S. François, Nous a tres-humblement remontré, qu'il a inventé & composé *Vne nouvelle Methode pour apprendre* LE PLEIN-CHANT ET LA MVSIQVE *avec beaucoup de facilité; par le moyen de laquelle le Chant se trouve entierement débarassé de Clefs, de Notes, de Lignes, de Muances, &c.* lequel Livre il desireroit faire imprimer, s'il nous plaisoit luy accorder nos Lettres de permission sur ce necessaires. A CES CAVSES, Voulans favorablement traiter ledit P. SOVHAITTY, Nous luy avons permis & accordé, permettons & accordons par ces presentes, de faire imprimer, vendre & debiter par tel Libraire & Imprimeur qu'il voudra choisir, ledit Livre: ensemble tous les Livres, soit de Plein-Chant ou de Musique, notez de la maniere proposée dans cette Methode, en tel volume, marge, caractere, & autant de fois que bon luy semblera, dans toute l'étenduë de nostre Royaume, Terres & Seigneuries de nostre obeïssance, & de plus, d'y faire graver par tel Graveur qu'il voudra, des Tables, & vn Instrument appellé HARMONIQVE, pour servir à mesme fin, durant le temps de vingt années, à compter du jour que chacun desdits Livres de Plein-Chant & Musique seront achevez d'imprimer pour la premiere fois en vertu des presentes. Faisons tres-expresses inhibitions & défenses à tous Libraires, Imprimeurs & autres, d'en imprimer ou faire imprimer, vendre, ny debiter aucun d'iceux, sous pretexte d'augmentation, correction, changement de titre, fausse marque, ou autrement, & en quelque sorte & maniere que ce soit: Et

Pag. 35. col. 1. gloria tuâ, *aprés 2. encore. Pag. 36. col. 1. aprés le premier 1. du premier* Kyrie: *Et plus bas, aprés le cinquiéme 1. du second. Et enfin, pag. 37. col. 2.* Dominus, *aprés les deux derniers 1. La syllabe Italique qui se voit dans ces mots est la partie offensée.*

On espere, Dieu aydant, estre entierement dégagé de tous ces fâcheux embarras, dans la premiere impression qui se fera tout de bon. Et si quelques-uns veulent copier ou ces Messes, ou quelque chose de semblable, on leur conseille de ne se point servir de [l], qu'on n'a mise icy que par une grande necessité, & de mettre au lieu, sur les Nombres qu'il faut entonner legerement, ou une bréve ∪ comme on l'a marquée lors qu'on a parlé de la Musique, ou bien l'un de ces 2. accens, [è é] grave ou aigu, n'importe lequel, car ce sont tous signes purement arbitraires.

à tous Marchands étrangers, Libraires & autres, d'en apporter en ce Royaume d'autre impression que de celles qui auront esté faites du consentement dudit Exposant, ou de ceux qui auront droit de luy, à peine de trois mille livres d'amende payables sans déport, par chacun des contrevenans, appliquables vn tiers à Nous, vn tiers à l'Hostel-Dieu de Paris, & l'autre tiers audit Exposant, confiscation des Exemplaires contrefaits en France ou ailleurs, & de tous dépens, dommages & interests, à condition qu'il sera mis deux Exemplaires de chacun desdits Livres dans nostre Bibliotheque publique, vn en celle du Cabinet de nos Livres en nostre Chasteau du Louvre, & vn dans celle de nostre amé & feal Chevalier Chancelier de France le sieur d'Aligre, avant que de les exposer en vente, à peine de nullité des presentes. Si vous mandons, que du contenu en icelles vous fassiez joüir & vser ledit Exposant, pleinement, paisiblement, & ceux qui auront droit de luy, cessant & faisant cesser tous troubles & empeschemens à ce contraires. Voulons aussi, qu'en mettant au commencement ou à la fin desdits Exemplaires autant des presentes, elles soient tenuës pour deuëment signifiées, & que foy y soit ajoûtée, & aux Copies collationnées par vn de nos amez & feaux Conseillers & Secretaires, comme à l'Original. Mandons au premier nostre Huissier ou Sergent sur ce requis, de faire pour l'execution d'icelles tous exploits necessaires, sans demander autre permission; nonobstant clameur de Haro, chartre Normande, & autres Lettres à ce contraires. Car tel est nostre plaisir. Donné à S. Germain en Laye le huitiéme jour d'Avril, l'an de grace mil six cens soixante & dix-sept, & de nostre regne le trente-quatriéme. Signé, Par le Roy en son Conseil, Desvieux.

Registré sur le Livre de la Communauté des Marchands Libraires & Imprimeurs de Paris, le 13. Avril 1677. suivant l'Arrest du Parlement du 8. Avril 1653. & celuy du Conseil Privé du Roy du 27. Fevrier 1665. Signé, Thierry. Syndic.

Les Exemplaires ont esté fournis.

PERMISSION DES SVPERIEVRS.

Frere Germain Allart, *Commissaire General de tout l'Ordre de S. François dans le Royaume de France. A nostre tres-cher & bien aimé en* Iesvs-Christ, *le* R. P. Iean Iacques Sovhaitty, *Religieux de l'Observance, de la Province de France Parisienne.* Salvt *en nostre Seigneur.*

Comme vous nous avez humblement representé que vous desiriez avec nostre benediction, mettre au jour une Methode toute nouvelle que vous avez inventée, pour apprendre le Plein-Chant & la Musique avec beaucoup de facilité: Nous, qui sommes tres-particulierement engagez par le deub de nostre Charge, de procurer autant qu'il est en nous, la gloire de Dieu, le bien de l'Eglise, & l'utilité du Public; Par la teneur des presentes signées de nostre main, & scellées du grand sceau de nostre Office, vous permettons de faire imprimer par tels Libraires & Imprimeurs de ce Royaume qu'il vous plaira, conformément au Privilege que sa Majesté a bien voulu vous accorder le 8. du present mois d'Avril 1677. la susdite Methode, & tous les Livres qui peuvent dépendre de cette Invention, & qui se pourront imprimer à l'avenir pour les mesmes fins; gardant au surplus, les Saints Canons de l'Eglise, les Reglemens de l'Estat, & les Statuts de nostre Ordre, où il sera besoin. Donné à Paris ce 14. Avril 1677. en nostre Convent des Recollets. Signé, F. Germain Allart, Commissaire General. Et plus bas: Par le commandement du Reverendissime Pere Commissaire General, F. Macaire dv Bvisson Secretaire General.

Table pour ... Deux ...

Clef de Sol. ... Sol.

Clef d'ut ... 1, 2, 3 ... 7, 6 ... Bquarre. ut. re. mi.

Dominante. plus bas degré. plus haut degré.

*4*17*

Clef de fa ... Degrez

1 2 3 4 5 6 7 1

Cette Table montre l'étendue en ...
du Dessus & du Basse de M...
au petit pied; & aux despends de
d'un fort petit Cahier, tout ce q...
par consequent tout le Chant de...
l'espere, avec l'aide de Dieu, le donner...

Table pour reduire les Notes en Nombres

Clef de sol.

Clef d'ut.

Clef de fa.

Le Chant étant par B.mol, on tranche seulement le 7

Cette Table montre l'étendue entiere du Plein Chant, qui, comme on voit, se perd dans le Dessus et la Basse de Musique. Avec elle, on peut reduire tous les Livres de [illegible] au petit pied; et aux dépends de 2. ou 3. heures chaque semaine, avoir le dimanche dans un fort petit Cahier, tout ce que l'on doit chanter au Choeur; et au bout de l'année par consequent tout le Chant de l'Eglise, propre à porter en poche. Tel que l'Auteur espere, avec l'aide de Dieu, le donner un jour au Public.

Dans la Musique;
Dieses ♯ [illegible]
ou simplement [illegible]

B mol. Deux Octaues. Portée naturelle de la Voix.

Idem. 7 Fa ou La. Idem. 7

B quarre. 1 Vt. 2 re. 3 mi. 4 fa. 5 sol. 6 la. 7 si. 1 Vt. 2 re. 3 mi. 4 fa. 5 sol. 6 la. 7 si. 1 Vt.

Dominante. plus bas degré. plus haut degré.

*4*17* Da[2] pa[1] cem[2], Do[45] mi[4] ne[4], in[3] di[4] e[5] bus[43] no[2] stris[2], qui[4] a[3] non[43]

I. Estade. II. Estade. III. Estade. IV. Estade.

3 4 5 6 7 1 2 3 4 5 6 7 1 2 3 4 5 6 7 1 2 3 4 5 &c.

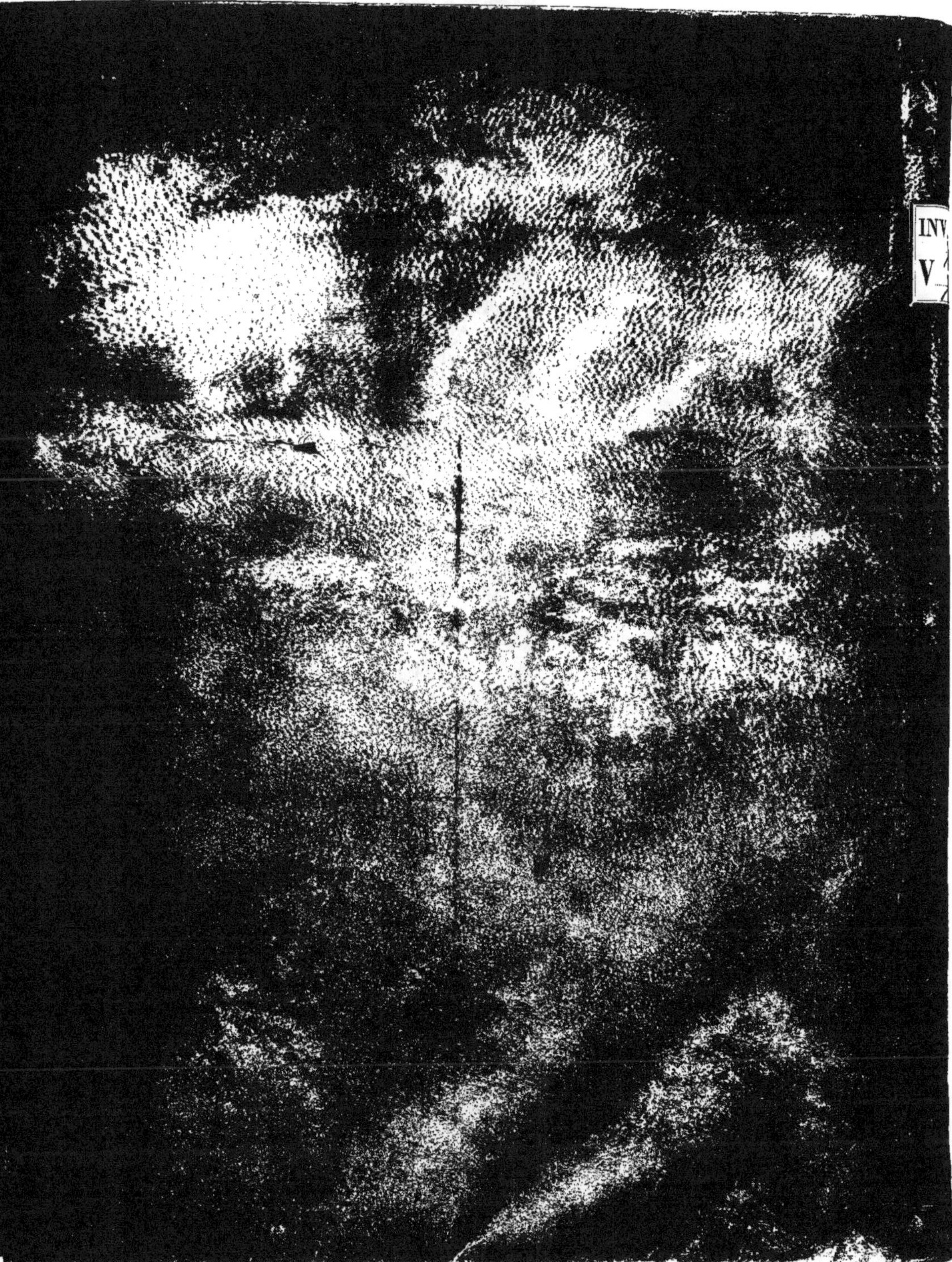

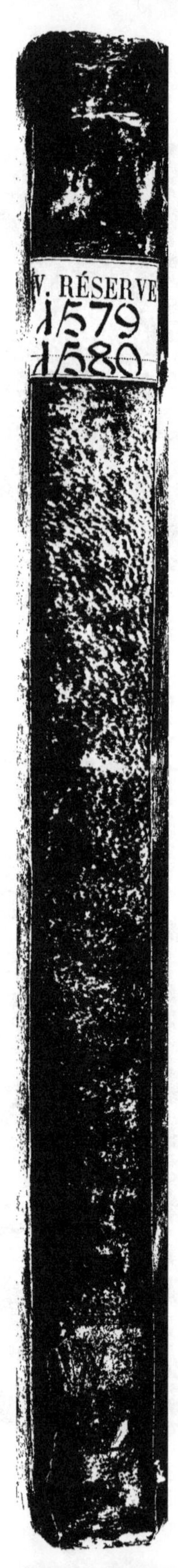
V. RÉSERVE
1579
1580

www.ingramcontent.com/pod-product-compliance
Lightning Source LLC
LaVergne TN
LVHW010001230826
846092LV00002B/593

9782329676678